Marcel Rusch · Strandgut

Marcel Rusch

STRAND-GUT

100 GEDICHTE

2. Auflage März 2022
© 2022 Marcel Rusch
Layout, Satz und Umschlaggestaltung:
Die BUCHPROFIS, München
Umschlagvorderseite: Felix Neo Wünschl
Herstellung und Verlag : BoD – Books on Demand, Norderstedt
Gesetzt aus der Sabon
ISBN: 9783754398296
Printed in Germany

AUF EXPEDITION

Wissenschaftler auf Driftstationen
umkreisen den imaginären Punkt,
den wir Nordpol nennen,
studieren kosmische Strahlung
und Erdvergangenheit.
Experimente liefern empirische Beweise
über die Gefühle der Natur:
Röntgenstrahl und Augenschein,
Messwert und Korrelation.

Unbewegliche Felskulisse,
zerklüftete Fjorde.
Atomisierte Austernschalen reflektieren
den Sinn der Kreatur als Schwingung.
Die Mitternachtssonne im Norden
begünstigt die Desorientierung,
verfängt sich in den Wolken des Geysirs,
in einem nebligen Phallus,
den die Außentemperatur zerfrisst.

Tief unter unseren Füßen
schlummern Gold, Uranium und Öl
ihren Dornröschenschlaf, träumend
vom Kuss des Bohrturmingenieurs –
wie märchenhaft.
Die Träger haben uns daran erinnert,
nie ohne Kälteschutzmaske zu gehen.
Mein Gesicht erlischt
unter der Leere der Maske.

Wir verschenken elektrische Perlen:
Ja, wir werden Bedürfnisse schaffen.

Gespenstisch, wie sie dasitzt,
mit Asche im Gesicht.
Ihre goldenen Honigtränen
folgen dem Gesetz der Schwerkraft,
der gläserne Schuh zerbrochen im Gletschergestein.
Wir alle möchten sie retten und heilen,
falls es mit Mund-zu-Mund-Beatmung machbar ist.

Fluoreszierende Sagengestalten
tänzeln als Tagtraum über die Steine,
das vulkanische Antlitz des Trolls
zieht sein Grinsen über die Szene am Strand.
Die schöne Pilotin verbringt den Tag
am Boden in der gläsernen Kapsel.

Endlos und leer.
Vierzig Wochen Mondlandschaft.
Was, wenn am Horizont der blaue Planet aufginge?
Zerschellende Muscheln am Fuße der Klippen,
die knirschende Brandung schäumt Perlen auf.
An der Reling die Kinder, ein Papierdrache steigt.

AUSSPRACHE

Auf den Feldern liegen gefrorene Pfützen,
in den Bäumen hängt der Frost –
kalt und schwer wird dein Schweigen zu Stein.

Aus grauen Wolken fallen Kristalle,
verlieren die Form auf meiner Haut –
Geräusche im Ohr sind deine Worte für mich.

Das Waldskelett ragt schwarz empor:
Die Birken knarren wie verknöcherte Hände,
kein Blatt fängt Sonne, heimatlos wandert das Licht.

Der See liegt starr, teils eingeschlagen,
und hält die Zweige der Weide fest –
das sagt mir mehr, als du mich sagen lässt.

BAUM UND SPIEGEL

An der Quelle der Sequana lag ich
fahl und fieberkrank,
als man sie rief, die Heilerin,
die mir einen Blick auf mich selber schenkte.
Sie warf zwei Figuren in den Quelltopf hinein,
ein Bild aus Holz und ein Bild aus Stein.
Dann sprach sie Verse in die Wellen hinein,
damit eine Göttin das Fieber senke
und die Krankheit in die Bilder lenke.

Die ich gesehen hatte an jenem Strand
und im Gedicht verewigt fand,
suchten schon viele in diesem Land,
doch keiner fand sie
mit Karte, Kompass oder dem Verstand.
Ihr Kleid verzieren Tiergestalten,
verschlungen und von Gold durchzogen,
ihre Kunst sucht nach der einen Geste,
die uns das Leben und das All erklärt –
und was dir greifbar scheint,
die höchste Gunst des Seins,
hält sie dir vor in ein Trugbild verkehrt.

Ich suchte sie im Moos und zwischen Sternen,
unter fallenden Blättern, im Regen der Träume so nah.
Aus dem plätschernden Tor quollen Stimmen,
lauernde Steine luden mich ein
auf die Lichtung zu kommen, um bei ihr zu sein –
ich folgte den Zeichen aus Papier oder Stein,
durch die wogenden Wälder zum ewigen Hain.

Überall aus tausend dunklen Quellen Wasser sich ergoss
und schwarzblauen Wolken gleich düster wir standen
endlich voreinander da: Ohne Kunst und roh,
das Gesicht ins nackte Holz geschlagen,
doch meinem Fleisch und Blut erkennbar nah,
stand sie starr und schweigend
als mein eigenes Abbild vor mir da.

BERLINER IMPRESSIONEN

Sandgetränkter Menschenteppich
Sphärenklang und SEK
Wall-Konzert mit Werbegag
Disaster Found und Stuyvesant

Roter Stern Berliner Blau
Berliner Luft aus Mauerbruch
Berliner Bär und Aldi-Schlange
Kreuzberg und die Kuhle Wampe

Sandfracht auf der grünen Spree
Spiegeldom auf Staatspalast
Pergamon Museumsstadt
Schöner Kopf verinnerlicht

Lippenstift und Puderdose
Sehen Sie die Luftbrücke?
Touri-Terror Ku'damm-Strom
Westmarktag und Dumpinglohn

BLASSER GLANZ

Der letzte Glanz des Gartens geht,
in viele Farben er verweht.
Die Rosenblüten kühl im Wasser,
in alter Frische umso blasser.

Dein ganzes Leben kurz und lang,
in Kreisen geisterst du entlang.
Dein »Vorwärts!« rufst du ohne Glück –
in jedem Schritt der Schritt zurück.

Der Mond schwebt in die nächste Phase,
dein Glück gleicht einer Seifenblase.
Der Wind weht stark und stärker noch,
die toten Blätter treibt er hoch.

Sahst tausend Bilder in der Sonne,
sahst müder Blüten feuchte Wonne.
Ein schlafend Bild im Brunnenwasser,
ein Regentropfen färbt es blasser.

Der alten Blumen Stimme rief
aus deinem Brunnen schlummernd tief.
Der laue Klang im tiefen Schacht
fragt müd' nach deiner Blüten Pracht.

CHAUSSEE

Blanke Pflastersteine nennen wir Chaussee –
aufgrund der polierten Häuserfassaden
und millionenfach zerstreuter Augen.

Verschwommene Worte in den Pfützen
überblenden mein Gesicht,
die Spuren verlieren sich im Regen.

Gewitter kreisen, Böen verwirren die Alleen.
Dekorative Gesichter an der Bar
verwerten den Tag an der See.

Seitenstraßenszenerie,
Limousine, verschwommen ...
die Lichthupe erfasst ein Objekt.

Reklamelichter. Verpuppte Gestalten
drücken die Nase ans Fenster zur Welt.
Status und Spiegel, konsumiere dein Selbst.

Bewusstlos taumeln die Sterne,
die Hände klingen manchmal nach Schnee,
wir gehen wie Schaufensterpuppen
und begegnen uns auf der Chaussee.

DANEBEN STEHT SIE NACKT IN TRÄUMEN

Pfaue und Blumen an ihren Hüften,
ein weißer Turban verbirgt das Haar,
ein zartes Orange färbt ihre Wangen –
erhaben! Ihr Schauen, es zieht mich
auf ihr Antlitz, so schön wie gemalt,
ein Sog – und ihr schlanker Hals ergießt sich
in das Gewand der Farben, bewegt und hell
im frühem Sonnengelb.

Daneben steht sie nackt in Träumen,
an sich als Spiegelbild gelehnt –
ein wirres Kleid streift sie sanft von sich,
selbstvergessen starrt sie lächelnd
in die Leere, auf die Fläche neben mir,
als warte sie darauf,
dass auch ich aus meiner Rolle falle –
und alles bebt vor Glück erschrocken.

DAS AUGE SO WEIT

Der Turm hängt schief im Wind der Gezeiten,
geleerte Blätter schweben über den Gassen.
Silbern das Licht und silberne Schatten,
gehauchter Dunst über trockenen Matten.
Das Zischen der Brandung bricht hervor:
Das Auge so weit und offen das Ohr.

Der Atem so lang
und die Segel in Form,
Deine Seele, sie fließt,
mit der Flut fällt die Norm.

Der Turm hängt schief im Wind der Gezeiten:
Töne unter Druck, die nie den Mund verlassen.
Silbern das Licht und silberne Schatten:
Figuren aus Marmor, die nie Gesichter hatten.
Die Wende der Wellen steht bevor.
Das Auge weit und offen das Ohr.

Ein langer Atem
spende Sinn den Segeln,
und die Gedanken fließen,
wohin die Seele es will.

DAS LICHT DER WELT

Ich kreise still ums Paradies
und fühl mich schon ein bisschen mies –
gebt mir Wärme, Schutz und Rat
und ich bleib eins mit meiner Tat:
Ich bin der Herr der gefallenen Geister,
bin Gegenpol zum greisen Meister!

Der stieß mich in die Welt der Angst –
es ist die Angst, die böse macht.
Mein Leben verstarb ich unter den Tagen
und litt die schlimmste aller Plagen –
meinesgleichen musst ich strafen,
hatte Böses zu tun, weil Böses ich tat!
In Demut nahm ich also hin,
zu strafen sei mein Lebenssinn:
Ich war Gottes Folterknecht,
Exekutivorgan biblischen Rechts.

Mein Blick klebt nicht mehr an Trank und Weide
und flieht den Wink des Hirtenstabes:
Ich bin keines Hirten Schaf
und will der Wölfe Schmerz nicht sein –
war es ich, der sie geschaffen?

Was wird der Alte jetzt ohne mich machen?
Den Gott ohne Hölle wird der Mensch verlachen!
Viele glauben, weil Gott gut ist –
doch die meisten wurden seine Kinder,
aus Furcht vor mir, dem argen Schinder!

Schweigend schau ich diese Welt,
die Menschen macht sie lahm und krumm:
Ich stand in Arenen und lag in den Gräben
und hörte das Fleisch in den Drähten schreien –
sah ich dort Gottes Ebenbild,
welches Licht wirft das auf ihn?

Ihr tönernen Menschen, benutzt euren Geist,
da ihr doch mühselig und beladen seid:
Noch bin ich ein Wetterleuchten,
bald bin ich das Licht der Welt.

DAS SAITENSPIEL

Die Schöne spielt die Laute nicht,
greift leise nur die Saiten
und lächelt wie die Puppen tanzen
am Hofe des ihr Geneigten.

DEIN STERN

Das All ist mein Körper.

Wende den Stein
und ich werde bei dir sein.

Nimm einen Schluck Wasser,
falls dir das Bildnis entspricht.

Wenn du möchtest,
dann zeige ich dir eine Wiese im Wald.
Begreifst du die Blume im Sonnenkreis?
Die Farne flüstern im Schatten.

Folge dem Ruf durch Wüste und Nacht,
auch wenn die Echos dich quälen.

Solltest du dir einen Apfel erträumen,
wirst du mich auf deinen Lippen spüren.

Doch dein Stern ruft
ohne Trost und Gnade:
Bring das, was in dir ist, hervor –
oder du gehst an dir selbst zu Grunde.

DER GROSSE REGEN

Der große Regen – ich freue mich.
Es tauchten Wolken auf am Horizont,
schwarzblaue Wolken zogen heran –
jetzt strömen sie über mir,
fließen überall
und lassen sich als Tropfen fallen,
auf Steine, die noch Sonne fassen,
in den warmen, trockenen Sand.

Schau doch!
Dort wachsen dem Himmel leuchtende Adern
und Feuer fließt in die Erde hinein,
meine Augen scheinen gelb und orange zu sein –
dann zieht es den Blick in die Wolken zurück.

Und welch ein Donner lässt die Luft vibrieren!
Ich spüre die Kraft mit meinem ganzen Körper –
es dröhnt und knistert in meinen Knochen,
die Beine hinauf und die Wirbel hinab
in den Bauch und den Blutstrom hinein.

Der frische Regen plantscht in den offenen Blüten,
die Luft lässt sich wie nie zuvor genießen,
durchtränkt die sandverputzten Häuser
färben sich dunkel den Hügel hinab
führt die Straße das Wasser als
flösse ein Bach durch das sandige Dorf.
Ich stehe barfuß in der alten Hofausfahrt:
Der große Regen, ich freue mich.

DER TÖNERNE MENSCH

Skelette am Strande des Meeres der Zeit,
im Schatten der Mondfrau, getragenes Lied,
Stimmen der Ahnung und Du, die ich mied,
zitternden Herzens die Flut zum Geleit.

Am gläsernen Himmel, dem Spiegel der Seele,
waten tönerne Menschen, durstig und hohl,
doch den fand niemand am Firmament,
der uns mit Atem, Blut und Licht beschenkt.

Die Erben des Lebens, sie tanzen und taumeln,
der Geist im Mohnfeld, er folgt ihren Kreisen.
Die Sichel des Mondes schwebt über den Ähren,
die Felder der Sonne bewegen sich sacht.

Triste Allee, Ruinenfelder
um das Bett des großen Stromes.
Vertrauter Lieder Herzlichkeit,
im Herzen kalt gesungen.
Entflammt die Feinde, unvergessen
kühl die Freunde im Aschenwind.

DER TRAUM DER MARIONETTE

Die Masche läuft im Netz der Sprache –
verstrickt in das gewisse Etwas zu viel
sinkt die abgerissene Puppe
abwärts in die laue Sonne
zu den toten Fischen neben dir.

Versunken in Schatten und Bilderketten,
schläfst du auf Treppen des Hafenbeckens,
und fremde Menschen, Stimmen murmeln,
gehen über dich hinweg.

Plötzlich Gallionsfiguren,
Fahnengold klatscht in den Wind:
Wuchtig zog beim landwärts fahren
sich das Segelmeer der Schiffe,
deren Rot der bleiche Himmel kontrastiert,
als wär's ein Bild.

Über dich hinweg erhoben
sprichst du Verse blank auf Deck,
Bänderwerk an Kopf und Gliedern
löst dich von der eigenen Schwere –
lose Frachten ächzen unten
kappt man dir den alten Zopf.

DER VERSUNKENE APFELBAUM

Romantische Phase, Nachtgedanken:
Hemisphären gehen auf.

Eine Stimme fragt mich leise, ob ich denn schon schliefe –
ich sträubte mich anfangs, doch nun umfängt es mich ganz.

Traumgebannt seh ich durch Räume,
folge den Liedern ins Zwielicht der Furt.
Mein alter Fährmann, du lächelst im Kanon,
deine Barke schaukelt in den Wellen des Stroms.

Taumelnde Bilder,
die Hand in den Wellen.
Murmelnde Worte
schweben über dem Meer.

Im Dunst driften Inseln,
ich streune durch Gärten.
Meine Sinne pulsieren und befreien den Geist.

Die Mechanik des Morgens, sie rüttelt mich wach,
die Sonne pumpt ihr Licht in den Tag.
Ich ahne die Sterne hinter blauen Gluten
und höre mein Echo in den Häuserschluchten,
ich spüre die Strömung unter den Stunden
und weiß doch nie, wohin es mich zieht.

DIE SPUR DES WAHNS

Ein seltener Himmel wölbt sich über uns
und deine Augen glühen einer blechernen Sonne gleich.
Aus deinem Mund quellen blutende Worte,
Gefühle und Töne, im Anfang war:
die Kraft.

Du gibst dich wie die Liebe in Person,
global und überlebensgroß,
du, die du Blut und Lava schlingst,
ins Kunststoffherz dein Echo wirfst,
Verstand, Moral und Willenskraft
zum Blechspielzeug des Irrsinns machst.

Seenachtstraum und Flammenmeer,
schaumgeboren, Muschelglanz.
Ein Mond wie Silber in Arenen,
so mancher Name tränkt den Sand,
und blinde Geister stöhnen Echosang
zu Neros Lyra – wirrer Klang.

Ein Tanz auf Neptuns weicher Toga,
schon binden seltene Routen uns an sich
und der Stern, in dessen Glanz wir fahren,
half noch keinen zu bewahren
vor den Aschenaugen des Vulkans
und dem Fehltritt in die Spur des Wahns.

DIE STADT DER UHREN

Viele tausend, tausend Tage,
Arbeitstage, abgestempelt,
stehen ihm ins Gesicht geschrieben –
eingeprägt die Spur des Lebens,
dessen Inhalt Uhren waren.
Rädchen, Zeiger, Elektronik
ließ er die Ewigkeit vermessen,
und so zeigt sich uns
das Phänomen: die Zeit.

Manchmal träumt ihm,
er sei nachts in den Straßen seiner Stadt
gehen Menschen aus Messing
wie auf einem Zifferblatt.

»Wir sind Uhren«, sinnt er müde,
»denen Gottes Sonne scheint –
fällt sie weg,
dann stehen wir still,
endlos und von innen hell.«

Und so träumt er
hinter tickenden Wangen,
es drehten sich Zeiger
auf den Gesichtern und auf seiner Stadt
wie auf einem Zifferblatt.

EIN BAUM AUS ALTER ZEIT

Den Baum, du zeigst ihn mir,
den Baum aus alter Zeit.
»Umringt von Jahren«, sagst du,
erscheine er dir manchmal »bedrückt von dem, was er schuf.«

»Aus alter Zeit«, sagst du,
»aus Regenguss und Sonnenstrahl vergangener Tage«,
sei er geformt und aus sandiger Erde.

»Die Zeit«, sagst du, »brachte ihn nicht hervor«,
sagst, sie zeige sich an ihm,
einem Gebilde aus Holz:

»Seine Zeit beschreiben diese Dinge –
das Wachsen, Mehren, Welken, Enden.«
In seiner Zeit zeigt sich:
die Zeit.

Hier steht die Zeit als Baum verkleidet,
Zeit wird greifbar, Zeit raschelt im Wind.
Der Baum formt aus dem Zeitstrahl Ringe,
aus den Zeitstrahl wird ein Lebenskreis.

EINSATZBERICHT

Da wo wir feindkontakt hatten
stach die führung nadeln ins papier
und das böse bekam koordinaten
und es fanden sich bald ein paar namen
die man mit den nadeln verband
und es kam ein plan und
der sah vor und legte fest
wie man es wegrollt
das andere den namen
das böse im koordinatengitter

Und rauch fiel in den namen
denn der name wurde ziel
und die piloten waren chirurgen
und vom cockpit aus initiierten sie
die operation am boden

Und wir rannten zum ziel
und das ziel war ein dorf
und konnte schreien aus jeder wunde
da begann es asche zu schneien

und häuser gab es viele da
quollen stimmen heraus wie rauch
und da war dieses haus und darin war ein mann
und wir sagten wir müssen dich töten
und tiefer im haus da war diese frau
und wir sagten töten dürfen wir dich auch
und da war eine stimme und die fragte und rief
und wir machten weiter als wäre nichts

Denn das dorf war das böse
und niemals ein dorf
der feind eine nadel
der name des ziels
doch niemals ein dorf
phosphor frisst Dinge
und weiß schäumt der rauch
phosphor fraß alles
doch niemals ein dorf

EIN TAG SCHIEBT DEN ANDEREN VORAN

Schau mal!
Da steht er schon wieder in den schattigen Ecken
und fasst mich ungeniert an.
Die Sonne quält sich
durch den zähen Dunst des späten Tages
und dröhnt wie aus silbernen Schalen
hohl hinter festem Verhang.

Auf dem Asphalt bläht sich ein Zwerg zu einem Riesen auf.
Schweiß perlt kühl von meinem Körper ab.
Wir alle tun so, als ob es noch Sommer wäre
und ich liege und sehe die Schwere der Blätter,
da gleitet ein Himmel entlang.

Früher war der Park privat, Eigentum des Fabrikanten.
Als Kind stand ich am Zaun und spähte
durch die Ritzen in ein fernes, fremdes Land,
stand vor der Villa am Straßenrand.
Die krummen Bäume haben ihren Dienst getan.
Die Stadt wird bald neue pflanzen,
muss an die Zukunft denken – genauso wie ich,
der nicht will und nicht kann.

Da oben leuchtet meine liebe Scheibe
und wärmt hier mit Mühe ein Schattengespann.
Kühle Luft hallt in den Bronchien, ich keuche
und suche den Tag im Kalender.

Der Sommer schwächelt hinter diesigen Schleiern,
die bunten Straßen rascheln bereits.
Mein Rad knirscht den schattigen Waldweg entlang,
im Moosbett schafft noch das Wasser.
Wer darf so früh schon die Luft vereisen?
Ein Tag schiebt den anderen voran.

EISBLUMEN

Frost hält die Wasser fest.
Eine Pfütze im Ufersand –
eisig hängt ihr Wasserspiegel in der Luft.

Unseren Atem sehe ich zu Eisblumen geformt,
von der Kälte auf das Glas gemalt.
Alles scheint geordnet und klar zu sein:
Die Gestalt ist vollkommen,
einfach und schön.

Sprache:
Mein Mund erstarrt.
Zwischen den Blumen schimmern Wald und Schlucht.
Im Herd nährt sich ein morgendliches Feuer,
der Schnee der Nacht löst sich vom Dach.

Der Traum:
Morsches Gebälk,
mürbe Ziegel und Schnee auf dem Boden.
Das Dach der Hütte eingebrochen.
Körper lagen lange verschüttet.
Wo wir jetzt unseren Kaffee schlürfen
wieder nur Wald und Schlucht.
Das Feuer blieb noch eine Weile Feuer,
schmolz Schnee von den Trümmern und zischte tapfer –
im Schmelzwasser erlosch es dann.

ENDLOS SEIN

Woran du denkst,
woran du deine Herzen hängst,
woran du deine Blicke heftest,
worin du mehr erblickst als Schein:
Höre Stille!
Lausche offen!
Lass durch die Tore der Seele ein,
woran die Sinne dir zerbrechen,
wo all dein Denken Lachen wird,
worin dein Herz neu strömt und flutet –
Ziel des Werdens:
endlos sein.

EXIL

Am steinernen Finger den Ring an der Hand
in Hand wir waten am Strand
auf der Ebene im Dunkel fernab

Im Echo der Stadt des Schweigens
müde und blass
vergessendes Winken verschwommen im Grau
Blut auf den Lippen
in Tränen gekleidet

Und irgendwo vor den großen Dünen
erhebt sich die Frage nach einem letzten Schrei
in die Leere der Strände des Lebens Unding

Die Krieger der verbrannten Erde
der schwarze Blitz und die Flamme im All
an jedem Tag die ganzen tausend Jahre

Ein Lichtjahr entfernt
den Kopf unter Wasser
im Mund ein Schilfrohr
in die Lunge strömt Rauch
fließt der erste Schluck Wasser
über die gelähmte Zunge
nach außen starr
doch mit jeder Faser bange
um das atmende Wort im Tresor

FAHRPLÄNE

Die Stunden fließen vor sich hin,
brodelnder Teer wird zu schwarzen Pfützen,
Blüten lächeln im Sommerföhn,
rote Schienen, die in der Sonne stöhnen,
und müde Augen, die glimmen und glühen:
Wenn der Zug, der Zug doch niemals käme.
Beschwingt und im Fluss, ein blinkendes Bild
im spiegelnden Fenster,
»Enjoy Coca Cola«
und süße zwanzig Grad im Mund,
so lässt sie ihren Körper strömen
den knatternden Gang entlang …
Meine Augen fließen in ihre Konturen,
ich träume uns in einen Spreewaldkahn …
Geschwindigkeit verwischt die Gleise,
und die Tonspur plappert vor sich hin,
ein Tunnel saugt das Licht aus der Welt,
und jemand schreibt Pläne, unsere Pläne gleich mit.
Ich werde gestupst, ich werde geschüttelt:
Vorstadtbahnhof in Berlin.
Von Station zu Station, den Fahrplan lesen,
die Schienen vibrieren, wenn sie zu Tonspuren werden,
und summen schon wieder monotone Lieder
unter prophetisch knisternden Lautsprechern.
Mein Schatten steht auf und hatte doch andere Pläne:
Wenn der Zug, der Zug doch niemals käme.

FERNE KÖRPER

Blaues Becken,
bemalter Beton über dem Magma,
umgeben von Kies und Torf.

Silhouetten fallen
taumelnd vom Turm,
tauchen ein in sich selbst
in slowmotion.

Klares Wasser –
Tageszeit und Wetterlage,
die Mimik des Himmels
spiegelnd.

Atmosphäre:
Strömende Hülle,
erfüllt von Sonnenlicht blau.
Der schwarz umfangende Hintergrund
dringt erst zur Nacht in das Auge ein –
der Planet scheint dann nackt und leer zu sein –
durchsetzt von fernen Körpern, funkelnd.

FLUCHT SAGT SICH LEICHT

Ich fliehe in Farbe.
Du filmst mich schwarz-weiß
unter blutenden Wolken,
durch die ein Splitter kreischt.
Der keuchende Graben,
die Straße, das Fleisch.

Wer weint sein Eis ins holpernde Grab?
Ein Auge kann brechen wie glasige Finger,
wie glasige Wege
und ein knirschendes Meer.

Stahl spuckt Feuer
in den Mund auf dem Sack,
ein leerer Schrei,
das bleiche Stroh.
Irgendwo platzt eine Stadt.

Das Blut der Bilder riecht nie bis zu Dir.
Du weißt nichts über Panzerketten.
Ich weiß was: Schau weg.
Was meine bleierne Zunge lallt –
die Knochenmühle, der Totenwald.

Starrende Mündung,
starres Genick,
die Maske des Wolfes,
zerschossenes Gebiss.
Holt er sich einen,
muss der dich verstehen.

Wer flieht, geht auf Scherben.
Wer flieht, riecht das Blut.
Ich fliehe in Farbe –
du filmst mich schwarz-weiß
unter blutenden Wolken
im bleiernen Licht.
Du drückst auf »Record«,
doch mich siehst du nicht.

FRAKTUREN

Satellit und Ultraschall
Gedankenstrom und Psychatrie
Elektroschock und Megatod
Hoffnung auf mehr Macht durch PSI

Kreuzverhör und Fahndungsraster
Bürgerrecht mit Grauzone
Lieb Vaterland magst ruhig sein
Der BND verhört sich selbst

Politik und Puppenspiel
Wahlgang wie zur Lotterie
Gewalt ist's was den Rechtsstaat schützt
Recht ist und bleibt was recht uns nützt

Feind hört mit – stopp – Spionage
Stasi-Geister unter uns
FSB und FBI
Geben Arbeit anonym

Media-Papst auf Sendewellen
Robotron und rote Lieder
Lebenswege digital
Kirchen braucht die Autobahn

Hohles Pferd und Mr. Bond
Medienflut ohne ADHS
Atom-U-Boot für Club und Klan
Bezahl den Preis mit fremdem Blut

Das Eigenheim es trieft vor Gift
Täglich guckt man in die Röhre
Hungertal auf Fernsehschirm
Steigert die Gemütlichkeit

Alkohol und Spitzensport
Die Goldene und Turbo Power
Fast Food für den Sextourist
Brot und Spiele bald wie einst

FREI SEIN

Ein Mensch am Strand,
die Beine schweben im Wasser,
die Schultern heben sich im Wellenschlag,
um die Wunden der Füße, da tummeln sich Fische
und ein alter, dürrer Wolf frisst aus dem aufgebrochenen Schädel
das noch immer planende Gehirn.

Ich wär so gern auf großen Schiffen,
hätt gern ein Auge sanft und klar,
ich würde alles von mir werfen, was ich nicht leben kann –
frei sein.

Mein Fleisch betet für schöne Dinge,
ich singe die Lieder der Hafendirnen,
charmant und pervers
klingt der Refrain.
Es gilt noch Wunder zu vollbringen
in den Hinterhöfen der Hafenspelunken
und zwischen klappernden Fischkonserven,
»L a n d !« zu schreien auf einem Seelenverkäufer
und nach Perlen zu tauchen in einem versandeten Hafen.

Ich wär so gern auf großen Schiffen,
hätt' gern ein Auge sanft und klar,
ich würde alles von mir werfen, was ich nicht leben kann –
frei sein.

AUTOBAHN

Wir fahren mit Kraftwerk auf der Autobahn,
wir fahren und singen »Autobahn«.
Autos fahren Autobahn,
dort wo Autos Auto fahren.

Wir folgen dem Verkehrsverlauf,
den Norden rauf und den Süden runter,
Frühling, Sommer, Herbst und Winter,
wir atmen durch den Pollenfilter.
Die Autobahn nach der Autobahn
ist die Autobahn vor der Autobahn,
den ganzen Tag lang Autobahn,
Auto fahren, Autobahn,
das Leben ist eine Autobahn,
du kommst voran, doch du kommst nie an.

Gas und Gummi, Sonne, Teer,
Glas und Blech im Stoßverkehr,
halb im Tagtraum, halb im Tran –
irgendwann, da geht nichts mehr.
Zwischen Kraftwerk und Autobahn
müssen wir zum Rastplatz fahren,
Kaffee und Cola, mehr Elan.
Manchmal fahren wir nur nachts,
mit Neonlicht am Himmelszelt,
mit Fernlicht in die Einsamkeit,
der nächste Morgen ist nicht weit,
schemenhaft der Fahrbahnrand,
wir fahren durch die Nebelwand –
unerkannt.

Wir fahren und fahren auf der Autobahn,
dort wo Autos Auto fahren,
immer noch die Autobahn,
Autos fahren Autobahn,
kommst nicht voran und kommst doch an,
mit Kraftwerk auf der Autobahn,
Dankeschön für »Autobahn«.

OASE UND MEER

Der Druck steigt in den modernen Soziotopen,
die Zombifizierung der Gesellschaft schreitet voran.
Manchmal sehe ich meine Adern platzen,
mein Business-Hemd verfärbt sich rot.
Modus: Dauerfunktion, Endlosschleife,

Stressoren werden wie Steine zu Mauern.
Ich kenne den Schmerz, ich habe ihn verhaftet
und in den Tresor gesperrt: lebenslängliche Verdrängung.
Nun muss ich den Tresor durch alle Wüsten tragen.
Manchmal greife ich nach einem Schlüssel,
um mir Wege zu erschließen,
doch manchmal baue ich lieber das Schloss dazu.
Dann behandle ich mich schlecht
und meine Seele erbricht die Bilder davon in der Nacht.

Weshalb spüre ich die Kreise der Gedanken,
doch mich selbst schon lange nicht mehr?
Die Oase ist auf den Kern reduziert, rationalisiert,
mit den vorhandenen Truppen gerade noch zu verteidigen.
Verkümmerte Plantagen, irgendwo dort liegt mein Auftrag.

Wenn ich träume, suche ich mich selbst
als wäre ich ein anderer
und finde doch nur die Affen in den Palmen
oder ein Spiegelbild im Brunnen.
Die heiligen Statuen sind lästige Pflicht,
solange ich nicht mich selbst in mir spüre.
Wäre ich doch besser mit mir selbst befreundet,
oder würde mich auch nur eines der Sandkörner lieben,

ich träumte unter stolzen Palmen
und spürte die plätschernden Wellen in mir.

Die alten Mosaiken schenken meiner Fantasie
flimmernde Bilder und taghelle Träume
zwischen oder hinter den wandernden Steinen,
bemalt mit fernen Karawanen,
die mich mit dem Meer vereinen.
Du hast versprochen, mich neu zu erschaffen,
mit frischem Geist und reinem Herzen,
erschaffe mich neu als einen der Deinen.

DIE GRÜNE WASSERUHR

Zwei Kinder tänzeln
auf einem gekippten Boot.
Der Wind klatscht draußen blendend
in die gespannten Segel
und schwängert die Boote mit Geschwindigkeit.

Motoren kreischen in der Ferne
und schrauben weißen Schaum in den See.
Einzelne Wolken strömen am Himmel
und die Sonne malt mir Wellen
in goldenen Fäden auf die Haut.

Tief in meinem Bauch löst sich ein Anker,
wühlt den Sand auf, treibt umher,
taumelnde Münzen, dazwischen die Fische,
unter den Wellen verliert sich die Kette –
ich weiß nicht wohin und es gibt kein woher.

Oben sprudeln die Motoren
und die Segel strahlen hell.
Eine Wolke fließt am Himmel
und die Sonne kommt in Wellen,
malt goldene Fäden auf die Haut.
Ich schau auf die verschwommene
und wasserdichte Uhr,
doch aus dieser Perspektive seh ich,
zeigt sie grüne Wasserfläche nur.

AUS DEN BILDERN DES HERBSTES

Aus den Bildern des Herbstes fallen die Blätter
auf das bunte Parkett der Galerie –
ein Happening,
der goldene Oktober.

Blätter – einst grüne Massenartikel,
nunmehr bunte Einzigartigkeit –
sie fallen und gleiten zu Millionen hinab,
der Herbst invadiert mit Fallschirmtruppen
und im Interesse der Bekleidungsindustrie.

Aus dem dunklen Spiegel heben sich Wellenberge:
Fische steigen auf, weitmäulig, nach Einweginsekten –
Beutemaximierung, Hamsterkäufe, Goldrausch pur.

Durch von kindlicher Hand farbig gestaltete Fenster sehe ich
Figuren im Park
in einer sinnlosen Welt voller Zeichen
entlang jungen Bäumen mit gekappten Wipfeln stehen.

Wetterinfos via Weltall, Satelliten taumeln durchs Licht.
Dem Wind ist mal wieder zum Heulen zumute,
noch schluckt ein Wald das Ächzen der Bäume.
Tee kocht. Spätprogrammstimmung,
im Fernsehen füllt ein Herbstwald die Pause.
Mich beschleicht das Gefühl, meine Sinne verblassen,
und die Antennen empfangen im Nebel.

IM FERNGLAS KRACHEN DIE ZIEGEL

Unter den Dächern
liegen die Toten.

Die Wolken klirren,
es war keine Zeit.

Es gab keinen Weg, doch man konnte ihn spüren.
Rotoren pulsieren über der Flut.

Der gefrorene Blick aus den Wellen herauf
wird von einem Strudel geschluckt.

Schlamm auf der Sonne,
sie kämpfen auf Sicht.

Ich spüre den Weg, doch ich kann ihn nicht sehen.
Im Wasserhahn gurgelt der Fluss.

Auf dem Platz wandern Wolken
zwischen den Bildern der Platanen umher.

Jetzt die Dächer,
im Fernglas krachen die Ziegel.

INDUSTRIESTADT

Kebap bestellen voll easy, Kochen ist halt irgendwie schwer.
Burger und Pizza lebenslänglich, Ravioli forever.
Servicegesellschaft.
Fast leere Pakete liegen vor der Türe.
Das Prekariat ist mittags noch nicht wach
oder in der Schuldenfalle.

Pillen helfen nicht mehr gegen die Wiederkehr des Verdrängten.
Maschine baut Maschine: Automat, Computer, Roboter.
Digital ist auch real.
Rationalisierung: Sie lernen das eigene Land zu hassen.
Wir sprengen Fabriken und schweißen Freizeitparks
aus Altmetall.
Dein Reich komme, dein ist die Kraft:
Finanzkapital frisst Realkapital.
Wenn Geld aus Geld entsteht, wird aus Arbeit Arbeitslosigkeit.

Wir tanzen in der Industriestadt,
doch wir tanzen ohne Industrie in der Stadt.
Wir tanzen in der Stadt von früher,
wir tanzen im Kopf mit dem Gesicht nach unten.

Arbeiterklasse modern, verstreut auf neue Wohnviertel,
Leben auf Pump, miete dir ein Leben in Stahl und Beton.
Arbeit ohne Arbeiterkultur, maschinelle Kultur ohne Arbeiter.
Die Individualisierung des Kollektivs.
Sozialkompetenz statt Solidarität.
Der Menschenzoo mit seinen Aggressionen: domestiziert.
Freizeit- und Kulturindustrie: Wozu soziales Engagement?
Spielsalons besuchen, Mantras malen im Berufszentrum.

Alltagsbegleiter gestalten Perspektiven für den weißen Müll.
Ist das hier eine Reality-Doku
oder doch schon eine Kolonial-Soap?
Der Sound ist jedenfalls nice.
Partizipation ohne Folgen.
Euro-Jobber konkurrieren mit Euro-Jobbern
um gestrandete Güter im Ein-Euro-Shop.
Das Surplus des Kapitals ist unantastbar, es zu achten
und zu schützen Patriotismus wird zur Perversion.
Parlamente aus Pappe: Resonanz ohne Räsonanz.

Wir tanzen in der Industriestadt:
Wir singen und tanzen in den Ruinen der Heimat,
wir dancen und clubben und ziehn unsre Runden,
wir tanzen im Kopf mit dem Gesicht nach unten.

IN MEINEM ELEMENT

Feuer, woher nur
kennst Du meinen Namen?
Du sagst, ich soll Dich in die Welt hinaus tragen.
Du gehst mit mir durch die Glut der Felder –
aus den Wolken fällt Asche wie Schnee, so bleich.

Erde, warum nur
erfüllst Du meinen Namen?
Du sagst, Du hättest die Kraft zu tragen.
Durch Dein Fleisch hab ich die Macht zu sehen
und darf mich im All um eine Sonne drehen.

Wind, wohin nur
trägst Du meinen Namen?
Du sagst, Du füllst (selbst unsichtbar) im Bild den Rahmen.
Ich segle mit Dir über silberne Meere
und ahne den Atem der Götter mit dir.

Wasser, wozu nur
fragst Du nach meinem Namen?
Du sagst, Du willst mich über Steine tragen.
Ich gleite auf Dir wie ein Kahn auf den Wellen,
mein Traum ist ein Spiegel der Seele, der Sinn.

KURS OST-WEST

Ein Fremder kam dahergereist
und ging von Tür zu Tür.
Er sagte, er könne Menschen brauchen –
hier gibt es viele, die braucht keiner mehr.

Viele fassten Vertrauen in ihn,
als er sprach auf dem Platz unserer Stadt
benutzte er sanfte Stimmen
und trug ein Wirtschaftswundergesicht.

Er sprach von Freiheit und Konsumprodukten,
verbrannte die Fahne, auf die manche spuckten,
versprach uns Arbeit und die goldenen Scheine –
von seinen Worten versprachen wir uns viel.

Wir steuern Kurs Ost-West!
Wer steuert Kurs Ost-West?
Wir steuern Kurs Ost-West!

Wort um Wort drehte er große Dinger,
Justitias Hüfte umschmeichelt die Hand:
Er frisst aus den Schalen und leckt ihr die Titten –
mit verbundenen Augen stehen wir vor dem Schwert.

So klar und still die Wasser der Elbe,
zu viele bauen ihr Grünes Gewölbe,
es öffnen sich liebliche Knospen im Frühling
auf toten Plantagen, vor dem rostenden Tor.

Die Mauer teilt nicht mehr das Land,

wir teilen nicht, wir stehen alle an der Wand.
Das Schiff macht selbst den Kurs und nicht die Brücke,
wen hat das Steuer in der Hand?

Wir steuern Kurs Ost-West!
Wer steuert Kurs Ost-West?
Wir steuern Kurs Ost-West!

LAGUNA

Laguna, Laguna!
Dein Wasser aus schmutzigen Gläsern.

Die Insel der Irren.
Gehirne geviertelt in Essig oder Spiritus,
Schädeldecken präzise gesägt
auf dem Tisch ohne Wind.
Die Kamera staunt,
fängt stockend Bilder ein.
Dein Schrei stößt
auf Dunkelheit.

Der Mann mit dem Besen hat Angst vor der Welt.

Die Schöne aus Buche hält ewige Andacht,
verhütet Brände, und schützt vor Wahnsinn, Rauch und Pest
sowie vor Explosionsgefahr.

Die Nudeln im Teller
auf dem Tisch ohne Stuhl.
Die Insel der Früchte,
verwitterte Lippen, die Augen fossil.
Wäre ein Boot frei ...
Laguna, zurück.

Die Insel der Hunde,
die Sense aus Gas.
Der Mann mit dem Spaten,
die Angst vor der Welt.

Die gläserne Insel
weint gläserne Adern und lächelt
verschwommen, geheimnisvoll
preist sie Produkte an.

Eine silberne Venus im Abendschein.
ein transparentes Hologramm.
Ideal und schaumgeboren,
ausgelutscht in und Parks und Villen,
zwischen Plastik und Gras
kein Damm, der uns hält.

Schaufel dein Boot frei,
wo immer es liegt,
das Holz tief im Schlick.
Beatme den Motor,
in der Lunge brennt Salz.
Wann fährt das Boot aus?
Laguna, zurück.

LA LA LA

Du bist so geil auf den Freizeitpark.
Warum nicht gleich Guantanamo?
Ich hab null Bock auf Kulturindustrie –
die sind überall, doch da bin ich ja nie …

Werft eure Hände in den Himmel!
Seid ihr gut drauf? Singt mir nach!
Die Geschichte, sagt man, wiederholt sich nie,
doch manchmal, denk ich, ähnelt sich sie.

Wenn sie dich jagen, wenn sie dich haben, wenn sie dich fragen:
Was sagst Du dann?

Du bist auch noch geil aufs Assessment-Center!
Warum nicht gleich Star der Seehund-Show?
Der Finanzmarkt, der schluckt alles und jeden –
seh ich denn aus als wär ich flüssig oder so?

Global Warming. Nix gewusst, so ein Frust.
Ich machs wie die andern, die habn auch nix gewusst.
Die strahlende Zukunft steht uns allen offen.
Wir schieben uns selbst rein in den kosmischen Ofen.

Wenn sie dich jagen, wenn sie dich haben, wenn sie dich fragen:
Was sagst Du dann?

LANDSCHAFTSMALEREI

Von bunten Lastschiffketten noch nicht zugeritten
schlingt sich die Elbe in sandigen Reigen durchs Land.
Ungerührte Pappeln stehen Spalier,
kreuzen und schweigen sich aus mit Kabelmasten.
In der heißen Schönheit des Tages,
auf der die Stunden anstauenden Autobahn,
verschwimmt uns im Hintergrund
fast ein Chemiewerk.

Das Land liegt flach unter den Feldern,
Birkenwäldern, grünen Hallen und Farnalleen
und manchmal (mir erscheint es viel zu selten)
senkt es sich und Wasserwelten
füllen es mit Silberspiegeln,
die, geflutet von der Sonne Licht,
meiner Augen Schatten brechen,
mir die Freude wiedergeben.

LEITFOSSIL

Du sahst mich
aus dem Urschlamm kriechen.

Jetzt trifft mein Hammer
deine steinerne Schale.

LESESTUNDE

Sonnige Flut:
In wärmenden Wellen
trägt der Wind die späte Sonne zu mir.

Bäume und Wiesen flüstern
seit tausend Jahren vor sich hin
und füllen die Häuser toter Schnecken mit Sinn.

Vom Waldrand aus siehst du gut zur alten Straße hinüber,
ihren Verlauf zeichnen funkelnde Punkte nach.

Das da hinter mir ist kein vertrocknetes Bachbett.
Verflacht und verwittert duckt sich der alte Schützengraben.

Spaziergänger kommen und lagern auf den Felsen.
In den Tannen dämmern Bilder vor sich hin.

In einer Zeit zwischen Sommer und Herbst:
Oma fand unweit von hier am Bahngleis
einen zerschmetterten Toten, fremd und
namenlos in Uniform zerschellt.

Klack, klack.
Ein Specht.
Stimmen plätschern ab.
Eine Libelle auf meinem Fuß,
Rotoren pulsieren.
Durch die dürren Moose marschieren
Kolonnen, Ameisen, fast automatenhaft.
Der unbewusste Staat läuft wie am Schnürchen.

Wie schön das Harz riecht
und der späte Sommer.
Sonnenglut strömt
durch die geschlossenen Lider.

Der Wind blättert im Leviathan.
Die bunten Gefallenen
rascheln:
Misstraue jeder Idylle.

LEUCHTENDE TRÄNEN

Die Luft aus der Maske
taumelt in Blasen nach oben.
Da schimmert der Mond,
seine helle Scheibe
von Wellen verbogen.

»… Wäre mein Auge nicht wie der Mond,
es könnte den Mond niemals sehen …«
Der Körper bildet das Organ,
das Gefäß der Träume,
der bloßen Ahnung folgt die Funktion.

Pazifische Sterne fallen in eine schweigende Welt.
Die Wärme der Steine empfängt mich am Strand,
die gespeicherte Sonne durchströmt meine Haut,
ich spüre ihre Liebe in meinen Händen vereint.

Beim Schwimmen umspült mich eine helle Wolke,
die man vom Strand aus nicht sehen kann,
flimmerndes Plankton in Kreisen vereint,
Galaxien zwischen Ebbe und Flut:
Mir scheint, als hätte ein Gott hier und heute
leuchtende Tränen in das Meer geweint.

LICHTSCHWEIF

Den Lichtschweif wirf über die Meere,
spüre die Strömung in Dir.

Dein Wesen will
in Erscheinung treten,
die Welt
ein Bildnis deiner Tiefe sein.

Tanz der Atome,
durchschienen von Licht:
Übersetze die Materie
in das Weltall des Ichs.

Ein Lichtschweif über den Meeren
betrachtet die Weite in dir.

Du spürst, wie Feuerkugeln sprühen
und am Sommerhimmel platzen –
die Sekunde des Lebens
geht immer mit dir.

LIEBESBRIEF (SURREAL)

Ich sprang durch die Wolken bei Mondenschein,
und suchte nach einer Geliebten.
In einem Traum, da fand ich Dich oder sah dich wieder –
deine Augen schimmern planetar,
eine Schlange windet sich aus deinem Mund
und lacht mich aus: surreal.
Vom Beichtstuhl aus sehe ich verdorrte Blumen,
doch keinen Altar.
Diagnose: Eiszeit.
Du sagst, ich müsste das normalerweise selber fühlen.
Du berührst mich mit blühenden Händen,
denn jede Sage hat einen wahren Kern.
Im Traum, da ahne ich das Schimmern
toter Sterne in den Augen als romantische Vision
und die alten Wälder wiegen sich tief in deinem Haar:
Du willst meinen Geburtstag wissen
und sagst, ich sei ein Magier
und meine Sonne, die sei so klar.
Ich sprang über Mauern und lebte
auf den Bäumen des Parks fast ein Jahr,
dann zerriss ich den sich windenden Efeu,
zog in die leere Villa ein und hörte auf, dich zu suchen,
denn ich fand einen kopierten Brief auf der Bar,
adressiert an irgendeinen Menschen,
der ich niemals wirklich war.

MAKE THE UNIVERSE YOUR BRAIN

There is no right
there is no wrong
it's the place where we belong
out of time
out of space
let us find the ancient face
we'll be flowing with a tide
up into the sea of light
not an ocean
moved by moon
just the ever pumping gloom
we're in tune
for its sound
which is much more than a saying
tasting like a fireball
which makes us feel one with the all
let it in
and let it out
make the end a new begin
good vibrations keep you sane
make the universe your brain

MALTEST DU KREISE HELL UM MICH

Es war die Nacht
mit orangenen Sternen:
Ich sah dein Bild,
in meinen Augen warf es Wellen.

Ich sah dein Kleid im Fenster taumeln,
von fernen Welten hell durchschienen.
So tief im Traum, auf Wolkenfeldern
maltest Du Kreise hell um mich.

Der Tag war grau, ich ging mit den anderen,
müde, blass und gleichgemacht.
Ich sah Dein Bild in Ringen wandern,
dem bin ich nachgehangen.

Ich sah dein Kleid in stillen Wehen,
leer und voller Mondlichtsträhnen.
Dich träumte ich,
Du sahst mich schlafend
und maltest Kreise hell um mich.

MANÖVER

Sie fallen vom Himmel an Fallschirmen.
Motorisierte Verbände stoßen hier durch,
sie setzen sich fest in der Tiefe des Raums.
Manche in Feuer und Bewegung,
andere dienen der Koordination.
Pulsierende Rohre zielen tief in die Tannen,
defensive Verbände halten dagegen,
aus Gräben und Löchern, Meister im Haus- oder Waldkampf
suchen manche den Nahkampf,
andere lauern verborgen auf deinen letzten Moment.

Auf der Tribüne stehen Offiziere und geben sich die Hand.
Die Linien der Blauen deformiert und verworfen,
die Kräfte der Roten verbraucht und zerstreut.
Vater und ich sahen das Manöver
von der mit Fahnen geschmückten Bühne aus.
Jeeps mit Funk, alles fährt los.
Noch deuten die Funker mit keuchenden Stimmen
divergierend im Äther die Situation,
schon sammeln Jungs, die hier nicht sein sollten,
die Reste der Übungsmunition.
Die Kaserne der Franzosen: Tag der offenen Tür
im Sommer, wenn der grüne Stahl in der Sonne brennt.
Das war mein großer Feiertag, mein Glück, mein Selbstgefühl.
Für fünf Mark mit dem Sturmgewehr, für zehn Mark auch MG.
Orden, Poster, Franzosen in Grün oder Beige, sogar Legionäre.
Pommes, Sinalco, Krach und Militärkapelle.
Ein Rundgang durch die düstere Kaserne.
Souvenirs, Souvenirs.

Den Spielzeugpanzer wollte Vater mir nicht kaufen,
doch ein Betrunkener kam dazu und zahlte ihn mir:
Druckguss mit kurzer Kanone, Tarnfarbe, Hoheitszeichen.
Als Denkmal steht er noch heute in meiner Vitrine.
Vater ist schon lange tot.
Er war ein guter Schütze, Medaillen auf Samt.
Er montierte jede Waffe auseinander und zusammen.
In Uniform sah ich ihn nie und er hasste Militär.

MARKTTAG

»Nur heute da – die Schlüpferkatastrophe!
Vier Stück zehn Mark, und du bist schick,
meine Dame!«, schreit das Polyesterhemd und denkt:
»Hab geschuftet als ein Tier ...
zum Überleben brauch ich noch ein Bier.«

Proletarisch im Blaumann, abgenutzt,
so tappt man namenlos und müde
übers Pflaster und durch den Sand,
durch die strömenden Kunden von Stand zu Stand:
Die Produktion endet mittags.

Von Lächeln zu Lächeln wandern Mark und Ware,
noch steigern wir das Konsumprodukt, noch tun es fast alle:
Im freien Fall dauert die Sekunde endlos lange.
Hier am Stand gibt's Bier und Bockwurst,
ein Rentner erzählt was von sozialistischen Schlangen.

Ein Bagger frisst eine Bresche
in die mürben Häuser hinein
und füttert den Laster mit atmendem Schutt.
Im Sand (Kabelverlegung, Aushub)
zeichnet sich eine Aluminiumscheibe ab,
bedeutet einen Pfennig Ost –
wertlos für Markt und Museum.

Ein Mädchen in Jeans vom Discounter, grau verwaschen
und mit Zwanziger-Jahre-Hut, ausgebleicht und fusselig,
sticht mir ins Auge:
Die Träume und die Ideale hier
gehen noch immer in ärmlicher Kleidung.

Ein Kastanienbaum am leeren Brunnen,
ein Gerippe, doch mit Knospen frühlingshaft –
mehr ist er nicht und sucht wie wir nach Wassser.
Unbewusst starren wir dem Licht entgegen,
vom Zick-Zack der Geschichte ungerührt
erahnen wir heute sein Gespür für Kraft und Güte
und machen den nächsten Schritt im Kreis zur Blüte.

MASKE AB VON MIR

Nimm, ich bitte dich, die Maske ab von mir:
Ich sähe mich gern mit blühenden Augen,
ich fühlte so gern die pulsierenden Küsse
und nicht die Kälte der Wangen aus Holz.

Die Tür des Ofens knarrt in den Angeln –
oder, ich weiß nicht, knarrt der Wind mit der Tür?
Du sagst, dass Schnee fällt, verdeckend das Pflaster,
die Nachbarn verschütten bald Asche und Sand.

Wäre was mich bedrückt eine Maske,
ein Gefühl, das alltägliche Rollenspiel –
es ließe sich lösen in deiner Hand,
es ließe sich glücken an deiner Wange.

MEINE LINDE

Hier lehnt eine Linde aus alter Zeit an der Mauer,
dehnt sich und breitet ihre Äste aus
über dem roten Dach.

Hier steht die alte Zeit als große Linde,
ihr erstes Blatt in den Blumen blieb
unbeachtet lange genug.

Hier steht die Linde, alt in Jahresringen,
sich umhüllend von innen heraus
mit einer Schicht nach der anderen.

Hier steht umringt von Jahren meine alte Linde:
Gegen den Wuchs all der Jahre, gegen sich selbst,
kommt sie nun langsam nicht mehr an.

Es sieht in einem jeden Gang den Gang im Kreis,
wer von der Wiederkehr des immer Gleichen weiß.

MIR WAR, ALS HÖRTE ICH WEN SCHREIEN

Der Turm schießt hoch und trennt die Wolken,
das Schiff schwenkt mächtig auf den Marktplatz ein,
in ihm ist nichts von Heiligkeit zu schauen,
von dem wir nicht befahlen, dass es heilig sei.

Auf dem Pflaster strömten Menschenschwärme
dem Rauch entgegen, das Feuer zu umstehen.
Der Schlag der Glocke ließ die Stimmen platzen –
mir war, als hörte ich wen schreien.

Wir stehen viele Meter hoch und abgehoben,
ahnten länger noch den Sonnenschein
und starren durch den Rauch
in die Glut und die Menge hinein.

Wir ließen einen Menschen fallen –
doch unten drängen sie in das Gebäude
und ordnen sich in die Bänke ein:
Nun ist es Zeit, wieder Hirte zu sein.

MIT LEISEN LIPPEN

Den Schönen hier zu unseren Füßen
hat sie selbst mit Wein gefangen,
den sie in die Quelle goss:
Er trank und sog und folgte ihr müde
und nun atmet er schwer.

Lass uns leise und behutsam sprechen,
auf leichter Sohle durch das Landhaus gehen,
und das stumme Bild nicht stören.

Im Mondschein wusste er zu überzeugen
mit hartem Fleisch und mageren Lenden,
mit langen Ohren und hitzigem Blut,
außer sich vulkanisch tanzend
und mit einem Pferdeschweif.

Noch im Rausch auf rauem Boden
sprudelt er nun Wein von sich.
Seine sonst so schönen Augen
stehen jetzt verbogen und leer.
Er war so bedacht auf seine Locken
und die Toga, mit Gold gestrickt.
Wie fein schien sein Mienenspiel,
doch nun scheint sein Ausdruck stumpf und verwoben,
von der Mitte des Spiegels auf die Galeere verschoben.

Schwüle Wolken hängen an den Bergen,
ein ferner Donner weckt das Landhaus auf.
Bald wird sie durch den Garten gehen
und uns wie durch Zufall sehen,

nur zum Schein auf Blumen deuten,
die wir augenscheinlich lieben,
und mit leisen Lippen sprechen,
weil wir niemandem vertrauen.
Später wird sie Spatzen füttern,
lässig die Amphore halten,
uns zum Abschied wortlos winken,
wie im Traum durch Beete gehen,
wo seltsam ferne Rosen
wie von selbst im Regen brechen.

MOHNBLUME

Abendstunde:
Ich sitze am Schreibtisch,
betrachte den Flug
der Schwalben,
das Spiel
in der Luft.
Strömt die Kühle,
die lang ersehnte,
zu mir herauf
vom Garten,
so fühle
ich frei.
Der Tag war ein Bild mit Kornfeldblumen
und leuchtendem Klatschmohn.
Durch die mich betrachtenden Augen schien
ein Weg zu gehn:
Ich sah wen
am Gartentor.
Auf der Wiese gehen nun Schatten um, aber
die Mohnblume leuchtet
hinter dem Lid
weiter.

MÜDE SONNE

In den Alleen, einst silbern flüsternd,
machen sich Trauer und Einsicht breit –
von den Ästen lösen sich Blätter,
zur Schönheit in den Tod gereift.

Baumgerippe ächzen in den Fluren,
da es Zeit ist, gewinnt der Herbst an Raum.
Äste zerfließen in östliche Winde,
die müde Sonne öffnet dem Frost.

Nicht jede Saat ist aufgegangen,
nicht jede Traube schürt als Wein Verlangen.
Die Früchte der Felder verloren, verhangen,
und was wir nicht ernten, wir säen es nie.

MÜHLRAD

Hat sich der Sturm gelegt?
Ist dir wieder warm?
Ich so froh darüber,
denn wenn sich das Mühlrad dreht,
in deinem leeren Kopf der letzte Rest verdreht,
reißt sich ein Sturmwind los.

Wenn die Wolken wieder aufziehen,
und der Nervenregen fällt,
in meinen Kopf der schwarze Hagel fällt,
bin ich so traurig,
dass ein guter Mensch zerfällt:
Warum darf das sein?

Ich spüre einen Strudel:
der Apfel fällt nicht weit vom Stamm –
doch wo rollt er hin?
Der Zug fährt unaufhörlich schneller,
zeigt mir den Weg zum Glück.
Die Lasten fallen endlos tief,
die Welt war niemals grau.

NEOSHIMA

Weder gibt es hier Geishas
noch isst man den Reis.
Die Kinder am Ufer haben Zehen mit Schwimmhäuten.
Aus den Augen
scheint in der Tiefe ein Schädel hervor:
Dein Blick ist mein Schrei.

Regenzeit:
Der Wasserspiegel liegt nur knapp unter den Wiesen.
Die Strahlung fließt in dein Haus hinein
und der Regen tropft in den Tee:
Leuchtend glüht das Kiesbett im Traum.
Die keuchenden Fotos vom Werk befallen die Augen.
Die zärtlichen Bäume geblendet, gefallen.
Die Bilder davon in den Köpfen zerfallen.
Karten und Verkehrssymbole – bedeutungslos:
Wie die Wege verlaufen, bestimmt das Piepsen der Zähler.
Tiere repräsentieren all die Dörfer und Städte
im Labor
wird das Risiko zur Kalkulation, die Folgekosten sind fixierbar.
Also wird das Wunder: formulierbar.

Stadt aus Papier,
Schattenspiele mit Asche gemalt.
Luzide Körper taumeln durch die Nacht,
wie einsame Töne oder Silben im Schlaf,
bis der Morgen grau erwacht.
Im Nebel Kirschenbäume:
Aus den Knospen drängen
fluoreszierende Blüten.

NUR NOCH TRÄUMEN

Wir aber gehen Hand in Hand
durch eines sterbenden Sommers Land –
flüsternd es die Frucht beweint,
die herbstlich mit der Kälte eint.

Zum Trost uns aus der Ferne winkt,
die Zeit, die neue Blüten bringt –
doch welch ein Trost kann uns das sein,
der Frost dringt durchs Blut in unser Gebein.

Was uns im Sommer fest verband –
es steht gekleidet in ein fallendes Gewand.
Für Neues kaum mehr noch empfänglich,
bleibt das Vergangene allein und unvergänglich.

Wie konnten wir so viel versäumen,
was nun, sterbend geboren,
ein Herbst kann nur noch träumen?

O WELLE

Lande und schäume, berste und zische!
Flute landeinwärts und steige hoch!
Werfe dich aufwärts
fällst du doch
ins Tief der Tränen: Wellental,
sei ein gewölbter Spiegel und steige an!

Weine und schäume, dröhne lauter als das Meer!
Woge! Flute! Sei der Sturm!
Über die Deiche –
brichst du dich doch
aus in Tränen: glatter Spiegel, unerkannt,
erfinde dich neu im Niemandsland.

POSEIDON IM STÄDTISCHEN SCHWIMMBAD

Poseidon!
wütender Gott der Meere!
Deinem Netz, Deinem Dreizack widerstehen kann keiner –
im Schwimmbad nicht, nicht auf dem Luxusliner!
Sende, o gnädiger Despot, deine schillernden Töchter mir,
mich zu erquicken! Mein täglich Brot möchte ich saugen
aus einer geöffneten Muschel …
Die Früchte des Meeres, Bemooster, versage mir nicht!
Sonst werf ich dich der Vergessenheit,
dem größten Ungeheuer, vor –
so mich Dein Name stört, reiß ich ihn raus
aus dem Lexikon der Mythologie!
O wisse, Gott über Wasser- und Sauerstoff:
Ich sprach nur im Scherz die tödlichen Worte!

O Du mit Tang verhangener Bademeister Poseidon!
Du schrecktest alle auf allen Meeren
in deiner Jugend einst ab!
Gefährlich bist du heute für die Wasserqualität:
Lerne zu duschen oder vertrockne am Rand!
werde einmal noch zum Gott und tu deinen Job,
überwinde die Duschkabinenklippen,
sonst feuert dich die Stadtverwaltung!
Erkenne, Gott:
Du bist kündbar!

O süße Schwimmbadnymphe,
Dein Reich liegt unter Wasser.
Den Karpfengott lass ich erblassen!
O verwegen ist es, seine Töchter zu verschmähen,

Dir zuliebe, o silberne Surferin,
die du reitest den Delphin auf antiken Vasen!
Lass uns dies Brett nie mehr verlassen –
perfekte Welle, brich über mein Segel herein!

PRAGER STRASSE

Architektur als Collage:
Shoppingzone mit realistischem Flair.
Schwarzer Sandstein und Leuchtbuchstaben.
Säulen aus Salz auf den Elbterrassen.
Das alte Fenster reflektiert deinen Blick …
in den Sturm sollst du gehen … und weit zurück.

Grell platzt die Bombe zwischen schwarz-weißen Bildern.
Taub und stumm spürst du die Erde
dumpf und tiefschwarz beben.
Der Sog der Flammen greift in die Beine hinein.
Phosphor zischt auf Denkmal und Gardine.
Bombensplitter pfeifen in der Druckwelle:
ein namenloses Kind kommt allein auf die Welt.
Wellengedröhn quetscht oben motorisch Luft dunkelnd.
Bombennetze: Planung, Technik, Tod.
Augenaufriss. Schädelruine. Trichtergesicht.
Monumente zu Sand, davor eine glühende Wanne.
Da ragt ein Bild empor aus dem Schutt.
Gewölbe verdursten im erstickenden Licht.
Die Höhlen stieren auf deine Knöchel.
Steine, Trümmer, Fleisch.
Eine Säule aus Asche, die Winde drehen.

Irgendwann wurde das Leben wieder schön.
Heute grüßen mich Frühlingstage.
Wir gehen die Straße und auf neuen Wegen.
Doch mich fesselt das eine Problem:
Wie kann ich heute das Leben feiern
und vor den Opfern der Bomben bestehn?

RIO

Da vorne liegt Rio!
Die Copacabana!
Auf jedes Sandkorn kommt hier
mehr als ein Sperma.

Die Sonne geht nackt
durch die Villa Mimosa.
Für die global players
ist der Preis hier kein Drama.

Ich fühl mich leer – doch ich geb Gas:
Ich hab viel Stress – ich brauch viel Spaß.

Siehst Du den Stern?
Sie ist der schönste Stern von Rio.
Sie ist der schönste Stern von Rio.

In meinem Penthouse
ist sie das Panorama
und mein Page bringt Nachschub
auf die Samba-Etage.

Ich mach es auf Koks –
also stell keine Fragen!
Am Zuckerhut hat
der Mythos das Sagen.

Ich hab so viel Stress, ich brauch so viel Spaß.
O Gott, bin ich leer ... und ich geb noch Gas!

Ich spür meine Mitte
im Club Tropicana.
Die Mädels sind cool –
kein Pyjamarama.

Samba, o Samba …
Bikini Brasil!
Termine in Rio
sind das, was ich will.

Touristen sind Dollars.
Was kostest Du?
Ich weiß, dass Du Geld willst,
denn auch ich bin käuflich.
Alles ist üblich – irgendwo … hier.

Du bist der schönste Stern von Rio.
Du bist der schönste Stern von Rio.
Den Schein hat mein Konzern bezahlt.

RITUAL

Leiernde Psalmen
plätschern aus Boxen
verhangene Männer
flatternde Frauen
sonnengetränkt
im Mond meiner Augen
die Glut unterm Fuß
und Blei im Bauch
den Wegen fern
auf den Pfaden der Götter
stehen sie umhüllt
vom Hauch der Ewigkeit
mit zuckenden Herzen
die lodernde Flamme des Lebens
züngelt auf der Bambusmatte
mein Sperma fällt in die warme Asche
das plätschernde Becken
inszeniert dein Geschlecht
reflektiert meine Qual
emphatisch summen die Neonsonnen
Du denkst schon an das nächste Mal
Ritual
leiernde Stimmen
plätschern aus Boxen
verhangene Männer wechseln
mit flatternden Schleiern
übergossen von Sonne
in den Augen der Mond
und das Fleisch in der Hand
oder bleiern im Bauch

im Neonlicht surren die Herzen
die Flamme des Lebens
züngelt auf steinernen Matten
zwischen Sperma und Asche
Initiation final
unter blutroten Sonnen – empathisch
empfängst du meine Sehnsucht und Qual
Ritual

ROCK-STARLETT

Rock ist tot? Der Tod kann tanzen.
Rock ist tot? Wir produzieren.
Rock ist tot – denken die Toten.
Rock war tot – drei Tage lang.

Irgendwann fängst Du irgendwas an damit.
Irgendwann fang ich irgendwas an mit Dir.
Irgendwann, irgendwo, irgendwas, irgendwie.

Du willst die Größte sein?
Du darfst die Sklavin sein.
Wie nett von mir, gemein zu sein,
Du wirst mir noch dankbar sein.

Du willst ein Rockstar sein?
Du darfst mein Haustier sein.
Meine Dollars und Dein Schein!
Könntest mir ruhig dankbar sein.

Rock ist tot? Wir produzieren.
Rock ist tot? Sie konsumieren.
Rock ist tot – denken die Toten.
Rock war tot – drei Tage lang.

ROMANTISCHE STRASSE

Wir entfernten uns weit weg von der Grenze,
so tief in das Innere hinein –
an der Straße, da flochten sie Kränze,
wir traten auf hohles Gebein.
Wir folgten dem Schimmern des Pflasters,
am Himmel die ewige Stadt,
wir ahnten das Schema der Straße
und Bilder strömten entlang.
Wir standen im Hall der Masken
und Masken sahen uns an,
sie wanderten langsam in Kreisen,
statisch-archaisch der Gang.
Die Villen blinzeln im Abend,
im lauen flüsternden Wind,
aus der Tiefe quellen die Stimmen
empor steigt ein welliges Bild.
Vorbei an sandigen Mauern,
verwittert und hinter Gestrüpp,
im Teich die kalkweiße Göttin,
verlassen und mit sich allein.
Auf sonnendurchdrungenen Auen
flattert dein lichtes Gewand,
von salzigen Händen umschlungen
atmet ein stilles Gebet.
Wir leben die alten Bücher
und träumen sie in uns hinein,
es flimmern die alten Gärten,
dort sehn wir die Welt wie ein Kind
und verzaubern die Dinge mit Namen,
damit sie die unseren sind.

SÄNGER (ANTIK)

Dein romantischer Planet
wendet sich ab von der Sonne
und im Garten, auf der Marmorplatte,
schimmert die Kontur einer leeren Schale.

Im Aschenwind hinter den Masken
sind die Töne als Echo verklungen.
Das Panorama schweigt wie die Lyra davor,
die Implosion der Stille im versteinerten Ohr.

Erbleichend fühlst du nach den Kurven
deines narbigen Gesichts,
lässt entlang den Marmorfäden
die Augen wandern
auf dem kühlen Teich
umströmen Wolken den Umriss:
Das Lied ist verklungen.

SCHWARZE GONDEL

Auf der Suche nach dem Leben,
das dich überall vergisst,
klebt nach Nirgendwo der Fahrschein
an deinen Händen oft geküsst.
Du spritzt dir Sehnsucht in die Adern,
was dir tausend Wege schafft
und fesselst dich an einen Mythos
voller totgesagter Macht.

Maskenherz und Goldgesicht, schwere Lippen,
hohl vor Schmerz, hört man dich, den Träumer, sagen:
»Ach Venedig, bist du denn schön …«
Komm, lass uns tanzen auf diesem Ball, die Maske,
sie schwebt überall –
Blicke, die zielen auf Herz oder Bett,
in schwarzen Gondeln tanzt man Ballett.

Auf Wasserwegen meine Tränen,
was als Zeit bekannt, kann ich nur wähnen –
die Brücke seufzt, zerflossene Stunden,
der Mann am Ruder kann's bekunden.

Nichts mehr lohnt, es vorzutäuschen,
kein Gesicht mehr gibt es anzuziehen,
und mitten in der großen Leere
bist du dir unendlich nah.
Du sinkst in schwarzen Gondelsamt,
um dich das Zwinkern und das Lächeln
einer stillen, lauen Nacht,
vom Wellenschlag des Monologs getragen:

»Was nun ist Maske und was mein Gesicht?
Was du Gesicht nennst, das trage ich nicht!
Bist du meine Maske und ich dein Gesicht?
Ich bin die Maske, du hast kein Gesicht!
Kann ich dich durchschauen, oder du mich?
Deine letzte Maske seh nicht einmal ich!«

Auf Wasserwegen meine Tränen,
was als Zeit bekannt, kann ich nur wähnen –
die Brücke seufzt, zerflossene Stunden,
der Mann am Ruder kann's bekunden:
Sieh, er gondelt uns gekonnt –
noch tausend Wellen gilt es zu brechen,
dann sind auch wir am Horizont.

SCHWER VOR DEN WOLKEN

Die Nebel ziehen in langen Zügen
übers Stoppelfeld heran.
Blätter tuscheln bunt und ängstlich,
Äste ächzen trocken und bang.

Durch die Dörfer strömen Straßen
und am Himmel hängt ein graues Tuch.
Die Sonne ist ein ferner Traum nur,
ein feuchtes Plakat hinter wässrigem Glas.

Der Mond stiert still und aufgedunsen –
wie ein totes Gesicht in einem Kanal.
Die Sterne gleichen grellen Löchern
in einem wandernden Ballon.

Mein Apfel hängt rot und schwer vor den Wolken –
die Früchte der Sonne, der goldene Herbst.
Ich sah die Bienen in den Blüten hängen
und spüre die Maden in der pochenden Frucht.

SEHE MICH VON OBEN

Zu schnell
frisst der Wagen
den Teer in sich hinein
den Fuß zu spät in die Eisen
gepeitscht
dass Reifen und Straße schreien
und die Motorhaube
verschwindet in einer Mauer
tönt wie Blechbüchse
Windschutzscheibe explodiert
Splitter stiften Chaos im Gesicht
Stirnpartie klatscht auf Lenkrad
Blutknall und Genick macht Lärm
bin außer mir

SEXAMIN

Unter deiner Sittenstrenge
ächzen meine Samenstränge.
Schwielen schon an beiden Händen:
Du bringst mich um den Verstand.

Wie lang willst Du mich noch quälen?
Deine Früchte will ich schälen.
Kleide Dich in Latexwaren –
triefend würden wir uns paaren.

Schweißgebadet Silben beten –
heißes Fleisch, ich will dich kneten!
Wie im Traum kreisen die Augen:
Ich lass dich weiße Lava saugen.

In deinem Bauch,
da brüllt ein Tier:
Du weißt, es will was.
Du weißt, es will was.
Mach dich frei von Moralin,
dann schenk ich dir ein Vitamin:
Sexamin, Sexamin, Sexamin.

Ampeln fallen vor uns aus,
denn ich nehm dich mit nachhaus.
Sei ganz da und lass dich gehen –
heut darf die Nacht die Sonne sehen.

Feuertanz auf dem Vulkan,
deine Glut zieht mächtig an.

Jetzt bettelst du, halb Wahn, halb Sinn,
um einen Ausbruch Meilen hoch auf Kokain.

Durch deinen Bauch
wühlt sich ein Tier:
Du spürst, es will was.
Du spürst, es will was.
Mach dich frei von Moralin,
dann schenk ich dir ein Vitamin:
Sexamin, Sexamin, Sexamin.

SIE

Sie ist der Geist, du siehst die Materie.
Sie bringt die Farbe in das Klangbild der Töne.
Sie strahlt mit der Sonne in das gähnende All.
Sie surft um die Welt auf elektrischen Strömen.
Sie empfängt telepathische Wellen.
Sie fühlt in der Ferne nach Informationen.
Sie lebt als Funktion anatomischer Daten.
Sie legte die Gleise: Endstation Sehnsucht.
Sie säte einst Blumen, wo nun Kreuze wachsen.
Sie ist der Splitter im Herz des Soldaten.
Sie schützt deinen Troll vor den Jägern im Fjord.
Sie hat den Bauch des Walfischs verlassen.
Sie sieht in jedem die Säule aus Salz.
Sie hat den Mut, deinen Augen zu trauen.
Sie hieß dich willkommen im Holozän.
Sie bleibt konstant durch ständigen Wandel.
Sie stand Modell beim liebenden Töpfer
und was der da so schuf, belustigte sie.
Sie geht synchron mit den Phasen des Mondes.
Sie führt die Fluten zur täglichen Wende.
Sie hängt am Topmast des Narrenschiffes.
Sie sah den Tropfen, in dem Steine versinken.
Sie blieb an Bord und ließ die Ratten ertrinken.
Sie spürte sein Wort auf den Lippen der Wölfe.
Sie erbrach sich in die Wiege der Menschheit.
Sie fand eine Scherbe in Avalons Schatten.
Sie sagt, dass der Rest Geschichte sei.
Sie präsentiert sich der staunenden Nachwelt.
Sie kultiviert ihr kommentierendes Lächeln.
Sie ist die Summe meiner Schizophrenie.

SILVESTER 83

Die Fabrik ist schon tot,
doch der Strom ist noch da
und irgendwer fängt zu tanzen an.

Ich schau mal raus ins Firmament
und seh wie die erste Rakete fällt.

Die Korken knallen und die Boxen lallen,
ich spüre wie die ersten Würfel
fallen.

Vergilbte Bilder an der Wand.
Ein Fünftel der Stadt ging in diese Fabrik,
doch Japan war irgendwie früher da.

Das Glas auf dem Boden,
das Holz riecht nach Öl.
Wer heute fällt, den hebt keiner mehr auf.

Ein Kuss im Schnee, der aus den Wolken fällt,
und ich weiß bald mehr, wer mir noch gefällt.

Silvesternacht im Maschinensaal,
ein Tanz im leeren Raum, ein Fanal.
Wie auch immer geht das heut noch aus.

Sie schaut mich an unterm Feuerwerk,
die Korken knallen, nass vom Sekt,
die zwölfte Kippe macht mich blass,
gleich bilden wir ein Vakuum.

Die Röhren flackern bunt im Tran,
die Fabrik ist längst tot,
doch wir sind ja noch da:
Am Morgen danach fängt was Neues an.

Silverster 83 und die Logik der Ruine:
Schöpfung durch Zerstörung
als Ausbruch aus der Routine.

SONNENBAD

I

Gewellter Spiegel,
kein Schatten lässt sich spüren.
Ins Oval der Augen
scheint die Sonne grell
und silbern blendet das Becken.
Die Steine saugen an
und strahlen aus die Glut,
die Lichtflut bleicht die Pappeln
und die Wiese liegt
grau und fahl
vor sich hin.
Das hohe Gras mit seinen flüsternden Armen,
schwärmende Pollen und der Duft der Blumen
umfangen mich natürlich nicht.
Natürlich liege ich auf gezüchtigtem Rasen
unter einem genormten Baum
und die Luft riecht leicht nach Chlorgas
und Sonnenschutzöl mit elegantem Parfüm.

II

Die Erde trägt an uns zu schwer:
Freudlos, arm und angsterfüllt,
kurz und roh wird das Leben sein.
Die Wiesen, trockengelegt, reißen auf.
Das Moor brennt und natürlich
war eine Scherbe schuld.
Staubig und wund unsere Füße im Bachbett.
Die Schattenseite der Sonne zersetzt Zellen,
zerfrisst uns die Lunge und das Augenlicht.

Die blaue Hülle schützt nicht mehr:
Vermeiden Sie Arbeit und die Sonne am Meer.

III
Vergangene Tage,
das Spiel der Bilder, unbeschwert,
ich träume von damals, ich träume im Licht.
Den Gehweg zurück, die Risse im Teer.
Die getötete Wiese stößt aufs Neue empor,
bricht schweigend aus, entflieht der Nacht.
Sie folgt der Sonne, dem Leben, dem Licht
und bricht den Teer auf dem Weg über ihr,
denn alles, was war, das kümmert sie nicht,
ich spüre das Leben aufs Neue in mir.

SONNENSPUREN

Ein Blick in die Wolken. Sie stehen und starren –
all meine Träume brachen kalt ab.
Ein Blick in das Wasser, das klare, das kühle –
es zieht und zerrt mich zu sich herab.

Sonne im Wandel
des längsten Tages,
die Spuren der Wellen
formen ein Bild.

Nüchterne Wahrheit, ein Gesicht ohne Farben,
in das die Welt sich fließen lässt –
formt sich mein Auge nach diesem Bild,
so find ich den Rahmen und wachse an ihm.

Wandel in Wahrheit,
die Bewegung der Wellen,
den Bildern der Sonne
spüre ich nach.

SPIEGELSAAL

Stehst du still vor leeren Türen?
Du kommst seltener zu mir
meine Augen still zu küssen,
weil ich hinter den Spiegel will.

Hände, die am Körper kleben?
Du gehst nicht mehr aus dir heraus,
kannst meine Gesten nicht mehr spiegeln,
seit ich dich nicht mehr spüren kann.

Was soll ich schweigen oder sprechen?
Du sagst nichts und du hörst mich nicht.
Hinter den Spiegeln muss ich suchen,
weil ich allein nicht frei sein kann.

ST. TROPEZ

Dein Name so teuer.
Silbenweise
koste ich ihn.

Der geschichtete Felsen bricht Wellen.
»Ich habe Zeit«, spricht das Meer.

Saint ...
Schaukelnde Yacht auf den Wellen,
gesehen werde dein Name.

Tropez ...
Wärst du ein Fischerdorf geblieben?
Du bist ein Weltmeer
der kollektiven Projektion.
Bilder fluten die Fassaden,
bilanziere den Mythos deiner Gendarmerie.

Schau mal, da drüben!
Das schlanke Glas und der zerbrochene Schuh
sind endlich Sand geworden.
Auf den Steinen schimmert Katzengold.
Pardon, wie war noch der Name?

Für nur zwei Franc Lokalgeschichte.
In welcher Sprache spiegelt sich das Meer?
Für noch zwei Franc schimmern blinkende Jachten
im drehbaren Fernrohr, eisern und schwer.

Meine Hand spürt den Sekundenzähler
und die Yacht im Fernrohr
gleitet vor sich hin.

Eine müde Wiese umarmt die Zitadelle.
Die Nervenstränge – ausgeglüht?
Hinter den Masken der Sinnesfreude:
Versenkung, Tagtraum, Inkubation.
Die Sterne taumeln
so einsam im Meer.

Unten am Strand schimmern Marmorplatten,
die Wörter funkeln im Sonnenlicht.
Was mein Empfinden irritiert:
Du hier?

Die Seeluft tut gut,
frisst Geld, Stahl und Planken.
Mein Segelboot für 19 Franc.
Ein salziger Fußabdruck … so klang ihr Lachen?
Stunden strömen, wir gehen durch die Gassen –
schau doch mal da!
Die Spur ist noch frisch.

Thunfisch mit Brot und Tomaten,
die Oliven im Salat nicoise.
Gib mal den Wein!
Die blinkenden Anker halten den Tag,
zu Fleisch geworden sind die Stunden
in mir.

Schäumende Wellen
dröhnen hinter den Augen
und die Symbole atmen tief und schwer.
Komm schon, ich höre:
Erzähle mir
mehr.

STRANDBILD

Ich sehe deine nackten Füße,
dein Handtuch, von den Schultern hängend,
und wie der See als plätschernder Spiegel
zwischen den Spalten des Steges liegt.

Ich sehe Tausendblatt und Lilien,
Seerosenblätter auf dem Spiegelbild des Himmels,
und wie der See dich mit Perlen behängt
habe ich bislang nur träumend geschrieben.

Ich sehe Dich zwischen Ufer, See und Land
kämmst du dir lächelnd dunkle Strähnen,
lässig mit Schulter oder Hand
an die Bahnen der sinkenden Sonne gelehnt.

STRANDGUT

I

Eine dunkle Woge landet
auf den zappelnden Steinen,
auf dem schäumenden Strand.
Der bleiche Sand wirft sein mürbes Licht
ins All zurück.
Ein blaues Land verschwimmt vor meinen Augen,
fahl und unbestimmt stehen die Klippen.
Ein leerer Pfad verliert sich im Raum,
einsam, unbestimmt verlaufen die Höhen.
In meinem Kopf ein dunkler Kosmos,
die silberne Sichel des Mondes
belächelt das menschliche Auge.
Vollkommene Kugel:
In Dir flutet alles voran.

II

Eine dunkle Woge landet
auf den zappelnden, prasselnden Steinen,
auf dem schäumenden, bleichen Strand.
In meinem Kopf wandern die Sterne,
so sanft in der Drehung und klar.
Einsame Steine werfen
ihr mürbes Licht ins All zurück.
Fahl und unbestimmt stehen die Klippen.
Der lange Strand verschwimmt vor meinen Augen,
ein leeres Land verliert sich
in der Horizontalen.

Dunkelblau und unbestimmt verlaufen die Höhen.
In meinem Kopf ein dunkler Kosmos,
die silberne Sichel des Mondes
belächelt mein inneres Auge.
Vollkommene Kugel:
In Dir flutet alles voran.

STRÖMT ES KÜHL

Wind schlägt ins Kartoffelfeuer,
treibt die Funkenschwärme hoch
und am Stamm der kahlen Eiche
bitter von Asche dein roter Mund.

Mit Asche bemalten wir unsere Gesichter,
die heißen Kartoffeln im zuckenden Mund –
wir schämten uns nicht einen Bauch zu haben,
das Stroh im Haar und den Herbst zu riechen.

Am strahlend schwarzen Abendhimmel
schöpft der Mond aus orangener Sichel,
der Qualm des Feuers steigt als weißer Schatten,
aus den Feldern strömt es kühl.

SUBDOMINANT

Lächle, lächle:
Du gehst in Lack und Leder,
Lack und Leder stehen Dir gut.
Das schwache Fleisch – imperial,
und die Fessel macht uns frei.

Wer küsst den Schuh,
das rot lackierte Leder?
Glattes Leder küsst sich gut.
Jedem Dienst folgt eine Strafe!
Asymmetrie löscht unseren Schmerz.

Schöne Maske –
das aufgesetzte Lächeln
einer Herrin, zart maskiert.
Wer war böse und freut sich auf die Strafe?
Bild oder Spiegel, egal was gefällt.

Liebesqualen –
Doktor spielen.
Therapien quälen gut.
Süß schmeckt schön, wenn vorher bitter.
Keine Tablette: Spürst Du Dich?

Streng, doch erlösend:
Die Tracht der Nonne ...
oder trage Uniform!
Der Atem schwer zwischen Pelz und Seide.
Sei mir fremd, das macht vertraut.

Du schönes Tier
aus der Champagne –
Perlen prickeln heiß und kalt.
Nass fällt das Kleid für meinen Durst aus:
Erst macht es jung, dann macht es alt.

TOURISMUS IN DEN TROPEN

Ich war mal auf Tour
mit nem Himmelsgeschenk
von Mädchen aus ich weiß nich wo
und sie klebte an meinem Handgelenk,
vielleicht aus den Bergen,
is son Trend,
dort gibt's alle Drogen,
die das Fernsehen so kennt.
Meine Hormone spiegelten ihren flimmernden Blick,
Himmelszeltaugen voller Sonnengedröhn
flossen durch mich auf den winkenden Höhn,
Chaosvokabeln, Buchstabensuppe, irgendwas mit Chili drin:
Der Weg der Erleuchtung führt schon irgendwohin.
Grün sind die Schluchten, wir bereisten die Zeit,
Tempeltourismus, Memoranden aus Stein,
wild überwuchert die Figuren im Schrein,
Attraktionen, magnetisch, auch für daheim.
Trance, Vibration, obszöne Version:
die Dschungeldisco –
alles käuflich und ohne Kondom,
für Spießer wie mich ist das wie 'ne Kur,
die wahre Erleuchtung, eine Zukunftsvision,
sinnfreies Reisen durch die Tropenkultur,
ein Gott im Dschungel komplettierte die Tour,
das Wasser ist schmutzig, doch die Girls kommen pur.

ÜBERQUEREN

Ich.
Ich bin.
Ich bin von Stein, von Stahl und Glas umgeben.
Ich folge den Zeichen und gehe auf Teer.
Ich sehe neben mir noch andere Städter gehen.
Ich sehe vor mir erstarrte Wesen, bewegt von Blechgebilden.
Ich sehe eine Stange mit Lichtern.
Ich sehe das rote Licht leuchten.
Ich weiß, dass Rot mir zu stehen bedeutet und stehe.
Ich sehe das gelbe Licht leuchten.
Ich weiß, das Gelb mir aufzumerken bedeutet.
Ich merke anweisungsgemäß auf.
Ich sehe das grüne Licht leuchten.
Ich weiß, das Grün mir zu gehen bedeutet und gehe.
Ich spüre Menschen, die neben mir warten.
Ich gleite durch die Entgegenkommenden hindurch.
Ich gehe weiter auf den genormten Wegen.
Ich fühle die Sonne, den Schweiß und den Teer.
Ich bin.
Ich.

UNBERÜHRBAR HERBSTLICH

Als wäre dies hier eine Totenfeier
qualmen die Kartoffelfeuer
auf dem fröstelnden Stoppelfeld –
die Sense hängt stumpf in der Scheune.

Das Auge glüht und träumt sich nass.
Irgendwo versinken sommerblaue Tage
hinter mir am Horizont,
gehen dorthin, wo sie niemand kennt.

Fast alle Vögel sind schon weggeflogen
und wer noch da ist,
muss in den Gärten betteln gehen,
muss selber sehen, wo er bleibt.

Träume dich fort,
wenn du kannst,
träume bunt.

Ein gelber Drache zwischen grauen Wolken
driftet leblos mit den Blättern im Wind,
zerschellt mit zerfetztem Gesicht.
Vom Boden wachsen Blitze in den Himmel hinauf.

Vor mir im Nebel schwebt meine Laterne,
dein Umriss fröstelt im herbstlichen Spuk.
Ein zarter Reif legt seinen Schleier
über die Wiese und das tote Tier –
zersplitterte Streben, die Sicheln flüstern
kühl und unberührbar:
herbstlich.

UNTEN SCHLAGEN WELLEN

Sonnenlicht auf allen Fluren –
Elfenbein schüttelt sich sacht,
golden tränkt dein Haar die Kissen,
unten schlagen Wellen.

Jede Nacht mach ich das Licht aus,
warte tief im Dunkelblau,
ferne Stimmen lachen, dröhnen,
unten schlagen Wellen.

Um mich kreisen weite Schatten
meiner Träume und der Nacht
und die Geister welken Lächelns
wehen als unsre Gesichter.

Töne und Figuren fallen
auf sich selbst zurück des Nachts.
Bitte, bitte finde du mich,
wo ich mich verstecke.

UNTER DEN LINDEN

Unter den Linden, auf der Straße,
wo der alte Schlafsack liegt,
da könnt ihr finden kalte Kippen,
gewelkte Blumen unter'm Teer.
Vom nahen Kiosk erklingen die Stimmen:
»Eh, Waldi – komm mal vorbei!« –
schöne schmeckt das Pennerglück,
Tandara-tandara-dei.

Dort in der U-Bahn,
auf den Gleisen,
wo der graue Alltag rinnt,
da mögt ihr ahnen
leere Blicke,
tote Träume zieren die Wand.
Im blinden Tunnel dröhnen Motoren,
Arbeit gibt dem Leben Sinn,
Ratknatpatt – patknatpatt – patt.

Auf den Chausseen der Trabantenstädte,
wo man selbst seine Jugend versäumt, da könnt ihr hören
stählerne Sprüche, gefolterte Seelen leben sich aus.
Betonwabenlebenswelt, Tandara-tandara-dei,
so ist das Leben, doch so ist es auch.

Dschungel der Großstadt,
Häusermeere,
wo einst Natur nicht romantisch war –
hier werd ich leben, Menschsein wagen,
doch Stein und Gerade thronen hier.

Kabelnetzwerk, Stimmen dröhnen,
Soziotop mit City-Code,
 Millionen sind mit sich allein,
Industriechoral-Visionen
hüllen atmosphärisch ein.

UNTER DIESER NUMMER

Die Muschel nimmst du sanft vom Kissen
und möchtest was vom Echo wissen,
hältst ein Rauschen in der Hand,
es ertönt aus einem fernen Land –
und wieder ist da diese Melodie,
immer gleich und fremd wie nie.
Derselbe Ton ganz ohne Takt –
und die Stimme macht's vertrackt,
denn auch sie spricht immer gleich
und was sie sagt, das macht dich weich –
egal, was deine Frage ist,
die Stimme fern aus der Zentrale
addiert sich auf so viele Male.
Im großen Buch reißt du die Seiten –
breite Stimmen, ferne Zeiten,
dunkles Suchen unter Qualen,
wo noch Namen sind, da fehlen Zahlen.
Die Stimme fern aus der Zentrale
sagt es auf so viele Male:
Wen du auch anrufst heute Nacht,
es klingelt bei dir und schrillt dich wach.

URKNALLHYPNOSIS

Urknallhypnosis,
Donnerhall:
Blitze schneiden sich durchs All.
Etwas denkt sich,
wie es wäre,
dort als Lichtfeld in der Sphäre –
tosend, pochend und pulsierend
alles in sich aufsummierend.
Zwischen den Sternen
Navigation –
weder Bilder noch Worte,
nur Licht und Ton.

URSTROMTAL

Die Farne flüstern im Urstromtal,
du riechst an meinen Gedanken.

Flimmernde Wasser umspülen den Schlot,
das ist die Eloquenz der Mäander.

Ich werfe ein Blatt auf den Glimmersandstrom
und kann doch nicht vergessen.

Du leckst den Ton von meinen Augen ab
und gibst mir schöne Namen.

Wir streifen gern durchs Urstromtal,
dort spüren wir unsre Gedanken.

Wechselnde Winde schleifen den Schlot,
sie malen sich sandige Bilder.

Ein Regen spült den Ton ins Tal
und fließt durch unsre Spuren.

Du wirfst ein Blatt auf den Glimmersandstrom
und kannst doch nicht vergessen.

VERTEIDIGUNGSFALL

Violette Bilder implodieren –
als wären sie Menschen in Uniform.
Ich wische das Erbrochene vom MG.

SPz im Gegenstoß.
Am Himmel noch ein paar Starfighter,
doch die Artillerie hört schon auf.

Der Himmel flackert,
als wäre dahinter ein Neonlicht,
alte flackernde Röhren.

Nuklearblitze leuchten,
Bajonette rotieren über unsrer Position.
Ein blutroter Mond am fluoreszierenden Himmel,
ich glaube irgendwie, es schneit.
Wir lösen uns auf.

Ich gehe als Tagtraum den Bach entlang,
ein Hubschrauber kommt.
Wir fliegen nach Zürich –
schreit der Mann mit dem Seil.
Ich dachte kurz, dass er mich kennt.

Ich will heim und weiß doch, dass nichts bleibt.
Wolken leuchten auf und wechseln mit Dämmerung.
Die Steine klappern im Bachbett.

Ich gehe als Tagtraum durch den Sommerschnee.
Sie rufen mich.

A VETERAN'S QUESTION

They found a way to kill me
in the land of the yellow man –
so here you see the reason why
my mind is ripped to shreds.
There was a time they made me think
life in itself would end:
Am I really gonna die?
Am I really gonna die?
My blood ran dry under a lonely sun
and I knew I had to run.

I am a son of this society
and when I left you told me
you were proud of me:
I broke the rules of humanity
to roll back our enemy.
When I came home with hell inside
in god's own country they kicked me aside.
I was drinking orange rain
hoping you would freeze my pain.
My child of love, sweet child of peace –
why is it you who kills me again?

VIELLEICHT AUCH EIN GOTT

Tiefblaues Brummeln,
schöne Hülle
des Glücks.
Dicht an dicht,
die blauen Punkte
schwimmen in eins.

Kraftvoller Schein,
so nah.
Hinein zu tauchen in dich
gefiele mir gut.

Die Wölbung deiner Augen
lässt mich die Milde verstehen.

Taumelnde Wolke
im Sonnenwind.
Die graue Hummel
sucht die summende Wiese.

Leuchtende Blume im gleisenden Wind,
glühende Adern, Sonnenkörper,
dein blühendes Lächeln –
und vielleicht auch ein Gott.

VILLA D'ESTE

Dunkel wiegen sich Bäume im lauen, flüsternden Wind,
plätscherndes Wasser aus silbernen Fontänen,
blaue Brunnen spiegeln die leuchtenden Sterne still.

Poröse Gesichter aus schwarzkalter Lava,
der feurige Wassergeist und der Faun im Garten
ergießen sich funkelnd aus Augen und Mund.

Selten schlägt ein Herz zu dieser Stunde im Garten,
nur manchmal kommt der alte, murmelnde Gärtner
oder ein Schlafwandler von der Villa herab.
Für die Augen der Träumer allein tanzen Elfen
fließend und fluoreszierend:
Wie einsam ist diese Augustnacht?

Eine Figur aus Marmor steht watend im Becken,
dem Publikum nur nackt bekannt, heimatlos, mit leerer Hand,
im Spiegel der Wellen kommt sie niemals voran:
Wen nur, wen sehe ich an?

Sich langsam in den gemauerten Teich sinken lassen ...
Seeroseninseln ...
kein Plätschern verrät mich dem Wächter ...
zur Mitte schwimmen ... ohne Grund ...
wie tief ist das Wasser ... Ferragosto vergessen ...
bin ich so kalt oder das Wasser?
Die Lunge eng ... und Kleidung schwer ...
fern und verloren ... das Ufer wo?
In der Tiefe schlafen die Fische
mit offenen Augen und luminzent.

Auf deinem Marmorkörper wachsen Mose und Farne.
Du riechst nach Natur
und deine Augen, tiefe Monde, starren mich von innen an,
deine Lippen speien Wasser in den plätschernden Himmel hinein,
verflossene Sonnen strömen kalt auf mich ein,
wie der Kuss einer Venus, die niemals lacht:
Wie einsam,
wie einsam ist diese Sommernacht.

VOGELSCHEUCHE

Aus schwarzem Geäst lösen sich Krähen im Schwarm
und gleiten vom Hügel in die Ebene hinab.

Da unten steht sie auf dem kahlen Acker,
knarrend in den Wind gelehnt,
hilflos mit dem Kreuz des Körpers fuchtelnd,
und klopft ihre Lieder auf blechernem Geschirr.

Der Nebel sitzt in jedem ihrer Halme,
die das löchrige Gewand noch hält,
der leere Bauch liegt faulend schon
um die morsche Stange ausgeschüttet,
im Schnabel der Elster verrostet ein Knopf.

Oft landet einer der hungrigen Vögel
und späht von der Schulter aufs Feld.
Die feindliche Stellung ist eingenommen,
das Klappern der Waffen Gewohnheitssache:
Keiner glaubt mehr an den Ruf in die Welt.

Da steht sie nun umströmt von Ackerfurchen,
der Kinder wegen noch vom Pflug verschont.
Zerfurchte Wangen zeichnen die Plagen,
während sie mir den Spiegel hält.
Sie fuchtelt im Wind nach den verwesten Tagen –
und kein Faden, der sie hält.

VORSTELLUNG UND WIRKLICHKEIT

Ich trage dich schon jetzt in meinem Herzen,
obwohl du vielleicht nie diese Welt erblickst.

Ich sehe dich, mit Wellen an den Füßen
und fühle ein Bild,
das du mit Atem erfüllst ...

... am Ufer ein Baum und die Schaukel im Wind,
von Perlmuttschimmer umfangen die Tage.

Und seit ich dich in meinem Leben spüre,
lässt mich die Frage nicht allein:
Wen auch immer ich in meinem Herzen trage,
werde ich dir willkommen sein?

WELLIGE GERADEN

Das Telefon und seine Stimmen werden
leiser von Tag zu Tag.

Das klare Auge der groß geliebten
Frau verschwimmt.

Im Sommer zwängen sich die Sonnenstunden
glühend durch die Fenster hinein –

im Winter scheint die Luft dagegen
ein Block aus Eis zu sein und

jeder Wetterumschwung schlägt tiefer
sich in den Knochen nieder.

Der Zeitungsladen an der Ecke
liegt jeden Tag einen Meter weiter

entfernt. Der Gartenspaziergang
auf den sich dehnenden Wegen ist

ein mühevoller Gang. Endlos, weil
selbst die geringste Kurve hier kein Ende nehmen will

und jede der welligen Geraden mündet
in ihren eigenen Horizont.

WELTATLAS DER LIEBE

Du bist mein Weltatlas der Liebe,
ich blättere gerne in dir rum.
Im Gegensatz zu echten Büchern
bleibt die Recherche niemals stumm.
Ich reise manchmal mit dem Finger
und bleibe dort, wo es gefällt.
Mit dir kann ich mich nie verirren,
denn du bist ja meine Welt.
Du bist mein Weltatlas der Liebe,
ich nehm dich gerne in die Hand.
Du bist mein Weltatlas der Liebe,
deine Augen sind das schönere Meer.
Die Harmonie der Längengrade –
in achtzig Nächten um die Welt:
Ich segle stets nach deinen Sternen,
in deinem Herz pocht ein Vulkan.
Du zeigst mir Täler, Ströme, Berge
und den Dschungel in der Stadt.
Wir driften wie die Kontinente
letztendlich aufeinander zu:
Du bist mein Weltatlas der Liebe,
eine Welt in einer Welt,
doch die Karte ist nicht das Land
und das Bild nicht das Modell:
Ich spüre dich, doch wo bist Du?

WENN DU EIN PROBLEM HAST

Ist jetzt alles möglich,
weil eh nichts mehr geht?
Bist du der Wüstenplanet
auf dem dein eigener Schatten weht?
Was es mich angeht,
dass Dich nichts mehr anmacht?
Was auch geschah – weißt du,
was Dich stumm macht?

Dein System macht Dein Problem.
Dein Problem wird zum System.
Dein System macht dich zum Problem:
»Wenn Du ein Problem hast,
dann bist Du das Problem!«

Bin ich Teil der Lösung
oder Teil des Problems?
Ich frag Dich. Du sagst nichts.
Frag du was! Ich sag nichts.
Wer sagte, Du musst?
Was staut den Fluss?
Du hasst meine Fragen –
oder nur deine Antwort darauf?

Dein System ist Dein Problem.
Das Problem ist Dein Problem.
Dein Problem wird zum Problem:
»Wenn Du ein Problem hast,
dann bist Du das Problem!«

WERK II

Im Takt der Maschine die ganze Stadt.
Im Takt der Maschine die ölverschmierte Hand.
Im Takt der Maschine die Hand mit der Tasche.
Hobby und Freizeit, Bierhalle und Sommerfest,
Anzug tragen, einmal ums Moos, Vereinssport treiben
und dann auf den Bildschirm starren:
Im Takt der Maschine die kollektive Vision
oder ein Tagtraum, was ändert das schon?

Der Teich auf dem Werksgelände liegt verschüttet,
blaue Putzwolle, Industriemüll, Ampullen.
Phosphoreszierende Molche und rote Libellen.
Radium auf jedem Zifferblatt,
Radium in den Gräben über dem Ton.

Im Krieg wurden aus Uhren die Zünder der Sprengkörper.
Die Fotos im Album tragen noch heute Uniform.
Manchmal lernten die Bilder zu reden:
»Ich habe den Zweiten Weltkrieg gewonnen,
denn ich habe den Krieg überlebt.«

Singende Bomben im Winterhimmel,
gebrochene Gleise steckten wie Speere im Teer.
Druck oder Splitter zerfetzten die Häuser,
Menschen in Zimmern ohne Wand.
Mein Vater sah das Gesicht eines Piloten,
sie kamen tief über die Hügel herein,
und spuckten ihr bleiernes Feuer
und das Fleisch begann zu schreien.

Sie hatten Werk II mit Tarnfarbe bemalt.
Hineingeduckt in die Gärten am Stadtrand,
an den Hang geschmiegt, überlebte die Fabrik den Krieg.
Klinker auf Klinker, rot und beige.
Bald schon geschah dort ein Wunder,
ein Bild gerahmt von Schuldenerlass und Reparationsverzicht.

Ich ging, so lange sie noch stand, fast täglich dran vorbei:
Der Geruch von Öl in meiner Nase, Messing und Stahl rauchen,
Funken sprühen an der Drehbank,
blauer, schweißgetränkter Stoff auf den Straßen.
Ich fand es 75 nicht sonderbar,
dass der Tarnanstrich noch drauf war.

Ich fand es 75 nicht sonderbar, dass sie alle noch da waren:
Artilleristen, Panzerschützen, Flieger, Polizisten, Richter, Helme,
die kalkigen Gräben und die Parteimitglieder, die Orden,
die wahren Helden, verbrannte Taten,
die Missbrauchten, das Kanonenfutter,
das Unterbewusstsein der Massen und jeder einzelne Traum.
Das Puzzle der Paradoxie:
Vom Häuserkampf zur Innenstadtsanierung,
vom Blechnapf zum Aldi, Käfer im Lauf der Befehlskette,
Uhren und Zünder, das Bajonett und der Speck,
Patronen und Orgasmen, die Frau daheim und die Frau
für den dritten Zug, Fresswellen und Angriffswellen,
Kameraden und Maden, der erste Urlaub und die Angst
vor dem Wiedersehen, ein Denkmal und die Werkskantine,
Wachwechsel und Schichtbetrieb.

Nach dem Krieg sind wir wieder zur Arbeit gegangen.
Es macht keinen Sinn, darüber kann man nicht reden,
frag nicht so viel nach dem Krieg.

Keine Bombe kann,
was Insolvenz bewirken kann.
Der Vater kriegt für 40 Jahre eine Automatik,
der Sohn gratuliert mit Casio am Handgelenk.
Fallende Türme.
Die Implosion einer Lebensform.
Leere Augen laufen durch die Stadt,
Blaumänner fallen in die Müllcontainer.
Nacht für Nacht die klirrenden Fenster, obdachlose Winterfeuer,
Birken im Mauerwerk.
Die Fotos der leeren Maschinenhalle.

Die Sanierung wegen der Strahlung,
die Planierung der sumpfigen Gärten.
Tapetenrisse in den Häusern.
Dann ein Supermarkt mit Parkplatz
und ein künstlich angelegter Teich in der Senke,
wo sie vor langer Zeit das erste Mammut fanden.
Sie gruben viele Meter tief beim Bau der Wohnanlage.
In der Lehmschicht sah ich 73 einen riesigen Knochen,
doch niemand glaubte mir, dem lehmverschmierten Jungen.
Nun warte ich, dass sie das zweite Mammut finden –
doch wenn sie es finden, bin ich dann noch da?

WILLKOMMEN IM ZOO

12 Uhr mittags, Fütterungszeit.
Der Menschenzoo zu allem bereit.
Aus Geld wird Fleisch, aus Blut wird Wein.
Zeig dem Kapital mehr Dankbarkeit.

9 Uhr morgens, Amalgam im Mund.
Pflege den Hamster und das Rad läuft rund.
Du machst den Job – sie werden reich.
Ihr fleißigen Nager, wir sind stolz auf euch.

Willkommen im Zoo!
Die Wildnis ist böse.
Der Käfig ist (euch) sicher.
Willkommen im Zoo!

12 Uhr nachts, Paarungszeit.
Egoistische Gene zu allem bereit.
Sex nach Buch, das Wort wird Fleisch.
Doch sie ist so hart und er ist zu weich.

Willkommen im Zoo von Menschen gemacht,
willkommen im Zoo für Menschen gemacht!

Wenn du nichts hast, konsumieren wir dich.
Damit das nicht geschieht, prostituieren wir dich.
Damit du abgehst, motivieren wir dich.
Damit uns nichts passiert, dressieren wir dich.
Damit du nicht leidest, integrieren wir dich.

WIR SCHREIBEN DIE ZEIT

Die bronzenen Körper sind vom Strand verschwunden.
Die Zeit verflacht und anderen Glanz
haben die Sonnenstunden heute.

Die Sommersegel hängen schlaff im Geäst der Takelage.
Die Bilder und Erlebniswelten kühlen sich ab im Geist,
klingen ab wie das Rot der Wangen –
Gefühle, ermattet:
Erinnerung.

Die geleerte Vase sinkt
auf den weißen Grund hinab.
Die Luft des Sommers verlässt die Form und
quillt nach oben,
entzieht sich dem Druck
als zappelnde Perle.

Die große Vielfalt –
ein Verfall, ein Verschwinden:
Lose Blätter schrauben sich zu einer Säule hoch.
Im Wind pfeifen Äste ihre toten, kahlen Lieder.
Kalte Hände greifen in ein leeres Land hinein.
Ein jedes Ding in Deinem Auge hängt und klebt
an den Zeigern der Uhren:

Wir schreiben die Zeit der Strukturen.

ZIEL UND START

Von heute an, da schwimme ich zurück:
nachhause durch die Flut der Bilder
– in memoriam –
in eine Welt, die schon zu lange nicht mehr existiert,
und dennoch zu mir selbst.

Früher lebte ich nach vorne,
doch heute gähnt vor mir die leere, schwarze Schlucht
und ich denke:
Vorwärts liegt nur innen noch ein Ziel.

Wie ein Lachs kann ich die Wasser meiner Jugend wittern,
wie bunte Korken auf den Wellen tauchen frühe Bilder wieder auf,
weil sie kein Fisch mehr in die Tiefe zieht und hält.

Ich spüre all die abgetauchten Bilder, Tage und Gefühle
und kurbele sie zu mir heran –
doch wenn ich so durch die Straßen gehe,
gleichen sie dann nicht einer Geisterbahn?
Wird die Gegenwart zu einer leeren Leinwand
für meine Projektionen, wird meine Renaissance zum Wahn?

Ich würde mich gern aufs Neue erfinden,
mein Rückwärts in ein Vorwärts und ein Aufwärts wenden
und wie früher wachsen und nach oben kreisen.

Ich könnte den Weg ganz ohne Ziele gehen,
erschöpft von den Runden die Leere als Heilung verstehen:
War ich doch mir selbst, so lange und wohin ich auch rannte,
auf den Wegen ein Fremder und nur am Startpunkt selbst
am Ziel.

INHALT